中國現代文學
名家傳記叢書

陳　星著

平凡・文心——夏丏尊

欒梅健
張堂錡　策劃

文史哲出版社印行

國家圖書館出版品預行編目資料

平凡。文心：夏丏尊 / 陳星著. -- 初版. -- 臺北市：文史哲，民 92
面： 公分.--(中國現代文學名家傳記叢書；12)
含參考書目
ISBN 957-549-499-7(平裝)

1. 夏丏尊 - 傳記

782.886 92004130

中國現代文學名家傳記叢書 ⑫
欒梅健・張堂錡策劃

平凡・文心：夏丏尊

著者：陳星
出版者：文史哲出版社
http://www.lapen.com.tw
登記證字號：行政院新聞局版臺業字五三三七號
發行人：彭正雄
發行所：文史哲出版社
印刷者：文史哲出版社
臺北市羅斯福路一段七十二巷四號
郵政劃撥帳號：一六一八〇一七五
電話 886-2-23511028・傳真 886-2-23965656
實價新臺幣 二八〇元
中華民國九十二(2003)年三月初版

ISBN 957-549-499-7

書系緣起

張堂錡
欒梅健

早在一九一四年九月二十三日，胡適就在一篇題為〈傳記文學〉的日記中，提出了現代「傳記文學」的概念，後來經過多方研究中外傳記，他認為，傳記是中國文學裏最不發達的一門，因此大力提倡傳記文學的寫作，胡適自己就寫了最早的一部現代自傳《四十自述》，而且還陸續寫作了四十餘部（篇）為他人立傳的作品，傳主包括老子、吳敬梓、張季直、丁文江等。透過胡適、郁達夫、朱東潤等人的理論開拓，不論是自傳或他傳，在五四新文學運動之後開始大量湧現，較為人熟知的就有沈從文的《從文自傳》、郭沫若的《沫若自傳》、謝冰瑩的《女兵自傳》、郁達夫的《達夫自傳》、巴金的《片斷的回憶》，以及聞一多的《杜甫》、吳晗的《朱元璋傳》、朱東潤的《張居正大傳》等。這些作品，使中國現代傳記文學的發展逐步臻於繁榮與成熟。時至今日，傳記文學已是現代文學中不可忽視的重要文類之一，各種思想家、文學家、政治人物、社會名人的自敘、自述、回憶錄、懺悔錄、大傳、小傳等，早已充斥於書肆，流行於市井，有時甚且拜名人效應之賜，成為一時之新聞熱點。如果暫且不論質量，而以數量之可觀來看，胡適當年「最不發達」的感慨，於今看來實已不可同日而語了。

不過，如果撇開往往只有「傳記」而無「文學」的政治、社會名人傳記，而以文學家、思想家為對象的文學傳記其實不能算多，若要進一步談到優秀與上乘的現代文學傳記那可能就令人不盡滿意了。所謂「優秀與上乘」，以胡適的話來說，就是必須做到「紀實寫真」的真實性，「給史家做材料」的史料性，「給文學開出路」的文學性，而且「應該有寫生傳神的大手筆來記載他們的生平，用繡花針的細密工夫來搜求考證他們的事實，用大刀闊斧的遠大識見來評判他們在歷史上的地位」（〈南通張季直先生傳記序〉）；若以郁達夫的觀點來說，則必須「記述一個活潑潑的人的一生，記述他的思想與言行，記述他與時代的關係」，「應當將他外面的起伏事實與內心的變革過程同時抒寫出來，長處短處，公生活與私生活，一顰一笑，一死一生，擇其要者，盡量來寫，才可以見得真，說得像」（〈什麼是傳記文學〉）。要符合以上的標準並不容易，但所有的傳記文學寫作者不妨以此為準繩，筆雖偶不能至，心卻大可嚮往之。

一切的文學都是人學。人，是大地上最動人的風景，也是文學世界裏的中心視野。傳記文學之有趣味，有意義，就在於能將一幅幅動人的生命風景鐫刻於歷史的長廊中；但傳記文學的富挑戰性、困難度，也在於人的複雜、多面、變動與深刻，即使有生花妙筆，都不一定能完全掌握傳主的精神、思想與心靈面貌。很多時候，執筆者本身的生命氣質、思想見解、人生歷練與情感投射，與傳主間的互動、感應與啓發，才是一部傳記文學作品能否得其真、傳其神、見其美的關鍵。因此，一部好的傳記作品，既要能顯現出傳主不凡的思想歷程與生活樣貌，同時也要能表現出執筆者過人的見識與文采，也就是說，一部傳記文學作品所激發、闡釋與揮灑的應是兩個生命的精華，從這個角度而言，閱讀傳記文學實在是「物超所值」、收穫加倍的選擇。當年胡適的大力提倡，今日看來也還是真知灼見。

基於以上的想法，我們在文史哲出版社不計盈虧的支持下，策劃推出了《中國現代文學名家傳記叢書》，自二〇〇一年元月出版《冰心傳》起，陸續出版了郁達夫、曹禺、巴金、朱自清、周作人、錢鍾書、林語堂、梁實秋等多部文學名家的傳記。我們明知市面上已有其他相關的傳記書籍在流通，但本著提倡傳記文學的使命，以及為中國現代文學的研究增添一分力量的理念，我們仍決定在這個系列叢書上持續深耕。令人欣慰的是，叢書陸續出版後，得到了許多讀者與研究者的好評與肯定，而這主要是因為執筆者都是這些文學名家的喜好者與研究者，他們出色的文采與深刻的洞見，使這些傳記煥發出閃耀動人的光華，也使這些傳主的生命在傳記文學裏重新又精彩地活了一回。這些撰稿者中，有的是望重士林的學術前輩，有的是銳氣十足的年輕學者，沒有他們的協助，這套叢書根本不可能問世。為他人作傳本就不易，何況是為現代文學史上熠熠耀人的知名作家寫傳，其間的艱苦就更難與人言了。身為主編，我們真是非常感謝這些參與撰稿工作的前輩們與朋友們。

出版市場的不景氣已是人人皆知，學術書籍的出版有時一波多折，有時胎死腹中，更令寫作者不勝欷歔。寫書容易出書難，出書容易賣書難，解嘲背後其實有著難言的苦辛，而這套叢書何其幸運在兩年內出版了十本，後頭還有多本陸續出版，每思及此，便不能不由衷地對文史哲出版社彭正雄社長的道義心腸、文化襟抱深深感到敬佩。這套書為現代文學開了一扇窗，為兩岸交流搭了一座橋，如果有更多的讀者願意來探窗、渡橋，那就更是美事一樁了。

二〇〇二年歲末序

平凡・文心——夏丏尊

目　錄

第一章　沒有文憑的教師

夏丏尊生於一八八六年（清光緒十二年）六月十五日（農曆五月十四日），浙江省上虞縣崧廈鎮人，小名釗，名鑄，字勉旃，一九一二年改字丏尊。他的祖上一度經商，其父倒是一位秀才。夏丏尊有兄妹六人，他行三，是兄妹中唯一的讀書人。

夏丏尊十五歲那年中秀才。他中秀才後不久，八股即廢，改以策論取士，遂又攻讀《讀通鑒論》《古文觀止》及算術，希望能適應時代的要求。也就在這個時候，夏家的境況已經中落，祖父去世，父親又不善經商，迫於家境，兄弟們都提前到鎮上或上海的商店做學徒。夏丏尊是家裏唯一的讀書人，家境雖不好，但父親對他的培養還是十分用心的。此時，有親戚從上海回來說，如今應順應時代潮流，該到外國人辦的學校去讀書。於是，十六歲的夏丏尊奉父命赴上海東吳大學的前身中西書院求學。

夏丏尊到中西書院讀書時，他家裏的經濟情況已經十分不好。這所學校的學費很高，半年就要交納四十八元。這在當時來講是一個不小的數目。夏丏尊第一個學期的學費還是靠母親變賣首飾才獲得的。中西書院的學制是六年。夏丏尊讀的是甲班。然而，由於夏家實在無力支付他所有的學費，他讀了一學期後，不得不又棄學回家，時值一九〇二年。這一年的秋天，夏丏尊赴省城杭州應鄉試。按照當時的習俗，應鄉試的少年須由娘舅陪同送至考場。夏丏尊的娘舅在赴考的前一天晚上喝醉了酒，第二天早晨居然睡過了頭，他們趕到考場時已經遲到，慌忙中應考，其結果可想而知，夏丏尊沒有能夠考上。

一九〇三年，夏丏尊十七歲，因爲聽了一位朋友的勸告，他就讀於紹興府學堂。府學堂相當於現在的中學，當時並不收取學費和寄宿費，吃飯也較爲便宜。由於在中西書院時已具備一定的英文基礎，夏丏尊被編在程度最高的一個英文班裏，算術和國文的班次也不低。夏丏尊在這所學校讀了半年，第二學期居然再次輟學。這回輟學的原因不是經濟方面的問題，而是當時夏家設有書塾，由其父坐館。這時，父親因爲另有他事，而夏家除了父親外，只有夏丏尊是讀書人，爲了書塾不至於中途解散，只能把夏丏尊叫回家中代父親坐館。夏丏尊一邊教學生，一邊自修學習。當時夏丏尊在家鄉人中的文化程度是算較高的，再加上代父坐館的成績又不錯，故鄉設立小學時，就請他去做先生。然而，夏丏尊自己清楚，他充其量也只有中等學歷，如此混跡於本鄉，將來必無多大的出息。他於心十分不甘，希望能夠繼續求學。

一九〇五年，正當十九歲的夏丏尊迫切期望能夠繼續求學深造之時，有親戚從日本學習法政歸來。聽了親戚對日本學校情況的介紹，夏丏尊赴日留學之心十分迫切。他父母都有培養他的心願，並不表示反對。他們與親友商量，終於從親友那裏借了五百枚銀元，勉強助兒子負笈東瀛。

夏丏尊到日本後讀的是東京宏文學院。因爲他只有不足兩年的費用，所以在最初的幾個月，他並未入學讀書，而是請了一個日本人教授日文，中途才插入宏文學院的普通班學習。宏文學院普通班的學制是兩年，夏丏尊原本可以順利畢業而領得正式文憑，但由於他的經費並不夠兩年之用，於是就在他將要畢業的前兩三個月就去跨考東京高等工業學院。夏丏尊考這所學校，很重要的一個目的是希望考取後享受清政府的官費補貼。因爲按照當時清政府的規定，考入日本公立學校的人可以向本省申請官費。但是當時浙江省留學日本的學生很多，夏丏尊居然還是未能領取官費。一九〇七年他在東京高等工業學校就讀一年後，被迫再度輟學。這一年他二十一歲，仍然還是一個沒有任何文憑的年輕人。

夏丏尊雖然沒有文憑，但他實際上經歷了各式學校的學習生活，尤其是在日本兩年多的學習，他對日本文化、藝術瞭解頗多，日文也已經能說能譯。當時的日本，對西方學術文藝的介紹很多，夏丏尊也因此從日本的各種書籍中探得了若干西方文化的知識。所以，他雖無文憑，卻是一個人才，既是人才，他此後還是成了中國文化教育界的先鋒人物。

清光緒三十四年（一九〇八年）春，在杭州舊貢院的廢墟上聳立起了七進嶄新的教學大樓，連帶其附屬建築——健身房、附屬小學、音樂與手工教室、食堂宿舍等，使這裏一時成了浙江省最大的一所學府。這便是浙江省官立兩級師範學堂——一所在向西方學習的聲浪中誕生的新式學校。這所學校源起於一八九九年，其前身爲杭州太守林啓創辦的養正書塾。其時，恰逢中國由世紀末衰疲步入新世紀企盼的歷史轉型期。到了浙江兩級師範學堂時期，又值辛亥革命前夕。就在這一年（一九〇八年），夏丏尊應當時浙江兩級師範學堂監督（相當於校長）沈鈞儒之聘，任該學堂的通譯助教，成了一位沒有文聘的教師。夏丏尊在這個時候來到該校任教，可以預期他將來的作爲。

第二章 「木瓜之役」

浙江兩級師範學堂是當時浙江省最大的一所學校。這所學校裏的教師大部分剛從日本留學歸來，同時也聘用日籍教師多名。其中，教育學科的日籍教師叫中桐確太郎，而他的翻譯也是剛從日本留學歸來的夏丏尊。魯迅也於一九〇九年由學堂的教務長許壽裳的介紹，任該校化學和生物課教員，並兼任動物學的日本教員本多原二郎的翻譯。當時，新文化運動已經在全國的範圍內展開，夏丏尊和魯迅都是新文化運動的積極提倡者。

魯迅在浙江兩級師範學堂教書時曾發起過一次反封建的「木瓜之役」。夏丏尊是積極參加的一個。關於「木瓜之役」，文獻記載頗多，依照《杭州第一中學校慶七十五周年紀念冊》（杭州第一中學前身即浙江兩級師範學堂）中表述，大致的情況是：一九〇九年冬，學堂監督沈鈞儒被選爲浙江省咨議局副議長，省巡撫增韞派浙江省教育總會會長夏震武繼任浙江兩級師範學堂學監。夏震武是以尊孔讀經而出名的封建頑固派代表人物。他仇視革命運動，認爲師範學堂已是「正學掃地」，因而要進行「廉恥教育」，以恢復「正學」。

夏震武上任的前一天，派人帶了一封信給教務長許壽裳，說他第二天到校時，全體教師必須穿上各自的品級禮服，在會議室迎候，還必須設立「至聖先師」孔子的神位，又說他將率領全體教師「謁聖」，不得有誤。這封信在全校的教師中掀起了軒然大波。時值辛亥革命前夕，各地反封建的鬥爭風起雲湧，而兩級師範的教師大多是新思想的積極擁護者。面對這樣的情況，以魯迅爲代表的許多進步教師深惡痛絕。於是大家集體商議，必須對夏震武的這一決定給予必要的反擊。

夏震武終於來校上任了。他頭戴白石頂帽，身穿天藍色大袍，外罩天青色套子，腳踏一雙黑靴，可謂冠冕堂皇、道貌岸然。他原以爲教師們都會在他的權威下惟命是從。但是實際情況完全相反。走廊上冷冷清清，居然沒有人來迎接他。夏震武十分掃興，當他召集全校會議時，教師們是三三兩兩地進門，並不穿禮服，表情冷漠，也不向他打招呼，而在會議室裏，也沒有所謂的「至聖先師」的神位。特別是魯迅，他不僅不穿禮服，反而穿上了一件西裝，留西髮，連假辨子也未裝上一條。面對這樣的情況，夏震武火冒三丈，指著教師就破口大罵：「你們這個師範學校辦得不好，簡直不像樣！」魯迅憤然而起，厲聲道：「我們學校什麼地方辦得不好，你講出道理來；你想不講道理，用權勢來壓我們，這是辦不到的；我們是不怕壓的，也是壓不倒的！」在魯迅的帶領下，教師們紛紛詰問夏震武。夏震武萬萬沒有想到，他作爲學堂監督上任的第一天就遭到教師的圍攻。他無言以對，惱怒而出。夏震武當然不會就此罷休，他一面指責進步教師是「離經叛道」，一面又到撫院告狀，誣衊這是原校監沈鈞儒挑起的，目的是排擠新監督。於是教師們即請沈鈞儒帶領大家到撫院揭發夏震武的陰謀，並決定辭職罷課，事態的發展越來越大。教師罷課，學生無課可上，這就引起了學生的請願。當局無奈，只得請出杭州的耆紳陸記春出面，到校挽留教師。魯迅和夏丏尊在聽了他們一番冠冕堂皇的話後，氣憤地將聘書向桌上扔去，曰：「我們如再就職，人格何在？」教師們一個個搬出學校，杭州各校的師生同時也積極聲援。最後的結果則以夏震武於一九一〇年一月四日被迫移交權利，辭職離校。由於夏震武思想頑固，封建保守，大家給他取了一個外號，曰「夏木瓜」，故此番鬥爭在學校的歷史上就被稱作「木瓜之役」。這次鬥爭取得勝利後，以魯迅、夏丏尊爲首的進步教師還留下了一張珍貴的紀念照片。

夏丏尊是「木瓜之役」的積極參與者，同時他也從這個時候起與魯迅結下了深厚的友情。

需要解釋的是，後來學生們也曾爲夏丏尊取過一個「夏木瓜」的綽號，但這決無惡意。只是因爲他的頭部長得大，與學生又十分親近，學生們便斗膽爲之取別號。從一定程度上講，這恰表示他與學生之間的友善關係。這與「夏木瓜」夏震武完全沒有關係。

一九一一年辛亥革命勝利後，夏丏尊曾一度對國家的前途寄以無限的希望。然而，沒過多久，國內政治仍是十分恐怖；民衆除了在形式上剪去長辮子外，其他並無多大的改變。這一狀況，使他剛剛被點燃的希望之火復又熄滅。一九一二年，社會上有實行普選的說法，夏丏尊不願意當選，決定將自己的名字改爲「丏尊」，以替代他的原名「勉旃」，讀音相近。他希望別人在選舉他時會把「丏」字誤寫爲「丐」字，從而成爲廢票。夏丏尊的名字的來歷即是如此。這也是他對政治毫無興趣的一種表現。

第三章　君子之交

夏丏尊在浙江省官立兩級師範學堂任日文翻譯後不久，先後還任舍監、司訓育，並兼授國文、日文。辛亥革命後，浙江省官立兩級師範學堂改名為浙江省立兩級師範學校。一九一二年，對於兩級師範和夏丏尊本人來說都是具有歷史性的一年。因為就在這一年，注重「人格教育」，力主以「勤、慎、誠、恕」為校訓，提倡「德、智、體、美、群」五育並重的經亨頤先生接替了校長之職，而就在這一年的秋天，經亨頤為了加強學校的藝術教育，從上海請來了大名鼎鼎的李叔同來校執教。經亨頤確是一位有眼力的校長。因為這位「二十文章驚海內」的李叔同實可謂中國當時開藝術教育風氣之先的前衛人物。

李叔同的到來，無疑給夏丏尊的生活注入了許多新鮮的活力。

有人說，夏丏尊與李叔同原本在日本時就已經相識了。例如他倆的共同的同事姜丹書先生在一篇文章中就提到：「元年秋，李先生叔同亦來任教習。李與夏，故為留東學友，相交尤契。」然而姜氏所言並不確切。因爲夏丏尊本人在〈弘一法師之出家〉一文中明確講過：「我和弘一法師（俗姓李，名字屢易，爲世熟知者名曰息，字曰叔同）相識，是在杭州浙江兩級師範學校（後改名浙江第一師範學校）任教的時候。」他倆相識雖不算很早，可一旦相遇，便意氣相投、情同手足。對於此，在別人看來十分羨慕，在夏丏尊自己看來又倍感榮幸。他承認：在這所學校裏，李叔同「和我相交者近十年，他的一言一行，隨時都給我以啓誘。」他折服於李叔同的「神力」，以爲「李先生教圖畫、音樂，學生對於圖畫、音樂，看得比國文、數學還重。這是有人格作背景的緣故。因爲他教圖畫、音樂，而他所懂得的不僅是圖畫、音樂；他的詩文比國文先生的更好，他的書法比習字先生的更好，他的英文比英文先生的更好……這好比一尊佛像，有後光，故能令人敬仰。」

夏丏尊雖是一位憂國憂民且具有一副古道熱腸的人，但也正如他自己所以爲的那樣，在那個時候，他身上的少年名士氣息已去除怠盡，只想在教育上做一些實際的工作。李叔同比夏丏尊長六歲，但他倆氣味相投，加上李叔同比之於夏丏尊多少顯得豁然，而夏丏尊比之於李叔同又多少顯得老成，所以，他倆幾乎沒有什麼年齡上的隔閡。那個時候，夏丏尊的家庭已經敗落，兄弟也分了家。他在杭州的彎井巷租了幾間小屋，因爲門前有一棵小梅花樹，就取名爲「小梅花屋」。有一幅〈小梅花屋圖〉上的題跋頗能說明他與李叔同的性情和友情。

「小梅花屋」裏掛有李叔同的朋友陳師曾畫的〈小梅花屋圖〉一幅，圖上有李叔同所題〈玉連環〉詞一首，詞曰：

屋老，一樹梅花小。住個詩人，添個新詩料。愛清閒。愛天然。城外西湖，湖上有青山。

夏丏尊也有自己題寫的一首〈金縷曲〉：

已倦吹簫矣。走江湖，饑來驅我，嗒傷吳市。租屋三間如艇小，安頓妻孥而已。笑落魄萍蹤如寄。竹屋紙窗清欲絕，有梅花慰我荒涼意，自領略枯寒味。　此生但得三弓地。築蝸居、梅花不種，也堪貧死。湖上青山青到眼，搖蕩煙光眉際。只不是家鄉山水。百事輸人華髮改，快商量別作收場計。何鬱鬱，久居此！

夏丏尊就是這樣一位多愁善感之人。他也曾想超脫一點，嘗刻一印曰：「無悶居士」。他此時才二十幾歲，本不該有多少愁悶，而欲自勉「無悶」，多少說明他的心中早已是悶悶矣。李叔同倒是覺得他的這種性格頗爲可愛。夏丏尊本不是詩人，而李叔同則把他譽爲詩人，這裏也多少是指他的氣質人品了。

一九一三年，浙江省立兩級師範學校又改名爲浙江省立第一師範學校。一天，李叔同和夏丏尊雇了一隻小船到西湖中的湖心亭裏去喝茶。這是他倆尋求清靜的一種法門。這天他倆要躲避的是來學校演講的一位所謂的社會名流。喝茶時夏丏尊對李叔同說：「像我們這種人，出家做和尚倒是很好的。」

誠然，對於夏丏尊來講，他的這種話不過是口頭上說說而已，像他這樣一個對待校務和學生什麼都要愁一愁、憂一憂的人哪能做得如此灑脫呢？

有一次，一個學生在宿舍裏丟了一些財物，大家猜想可能是某一個同學偷的，可又沒有證據。身爲舍監的夏丏尊自感責任在身，爲此愧悶不已。他向李叔同求教，問他處理此事有什麼好的辦法。豈料，李叔同的好辦法竟是要他自殺：「你肯自殺嗎？你若出一張布告，說作賊者速來自首。如三日內無自首者，足見舍監誠信未浮，誓一死以殉教育。果能這樣，一定可以感動人，一定會有人來自首。——這話須說得誠實，三日後如沒有人自首，眞非自殺不可。否則便無效力。」

夏丏尊當然是不能按照李叔同說的去做的，於是就向他笑謝。（有資料顯示，夏丏尊雖然沒有選擇自殺，卻選擇了絕食的方法。偷東西的學生終於還是被感動，主動承認了自己的行爲。）而李叔同自然也不會因爲夏丏尊不願意自殺而去責備他。夏丏尊知道，這樣做在一般人眼裏無疑太過偏激，可李叔同提出來則是眞心的流露，全無虛僞之意。跟李叔同比起來，夏丏尊深感自己的感化力不足。因爲在他看起來，自從李叔同來校教圖畫、音樂以後，這兩門原先並不被學生看好的課一下子成了學校裏的熱門課程，幾乎把全校的學生都吸引了過去。於是他得出這樣一個結論：「這原因一半當然是他對於這二科實力充足，一半也由於他的感化力大。」

杭州自古就是一塊佛土。許多歷史上的名賢，諸如蘇東坡、白居易、林和靖等都在這塊佛地與佛教有著很密切的關係。近代的蘇曼殊也是如此，每當他在生活中遇到挫折，他都會到杭州來潤澤一下自己的心靈。李叔同怎樣呢？且看他自己的表白：

杭州這地方，實堪稱為佛地，因為那邊寺廟之多約有兩千餘所，可以想見杭州佛法之盛了……當民國二年夏天的時候，我曾在西湖廣化寺裏面住了幾天，但是住的地方卻不是出家人的範圍之內，那是在該寺的旁邊，有一所叫作痘神祠的樓上。痘神祠是廣化寺專門為著給那些在家的客人住的。當時我住在裏面的時候，有時也曾到出家人的地方去看看，心裏卻感覺得有意思呢！

李叔同對出家人的生活感興趣，可他身為教師，雖然內心與西湖的空山靈雨頗能契合，但幾年來，他倒還是全身心地投入在實際的教學之中，生活也就相對的穩定。然而，這種相對的穩定終於還是在一九一六年夏日的一天給動搖了，其客觀原因，當又與夏丏尊有著直接的關係。

這一天，夏丏尊在一本日本雜誌上看到一篇題為〈斷食的修養方法〉的文章。文章說斷食是身心「更新」的修養方法，自古宗教上的傑出人物，如釋迦、耶穌等都曾實行斷食修煉。還說斷食可以改去惡德，生出偉大的精神力量，並且又列出了實行斷食過程中的種種注意事項和方法，繼而介紹了一本專講斷食的參考書。

夏丏尊讀了此文後，覺得很有趣，一時興奮，就把它介紹給李叔同。李叔同不看倒也罷了，可這一看，便就被迷住了。在此後兩人的閒談中，彼此都有「有機會時最好把斷食來試試」的話。像這樣的話，在夏丏尊看來不過是說說罷了，作爲一種戲言，隨之也就忘得一乾二淨。可李叔同不然。他是一個凡事都認眞的人，雖然無意去做釋迦、耶穌那樣的聖人，但既然這篇文章中說斷食有許多好處，爲何不去試試呢？李叔同自己是這樣表白的：

「我於日本雜誌中，看到有說關於斷食的方法的，謂斷食可治療各種疾病。當時我就起了一種好奇心，想來斷食一下，因爲我那個時候患有神經衰弱症，若實行斷食後，或者可以痊癒，亦未可知。」

李叔同下了決心。但在學校，他沒有聲張，只是私下裏爲此作著準備，就連夏丏尊，他也沒有告訴。

李叔同實行斷食的地點是在杭州的虎跑寺。他的斷食實行得很順利。他的原意只是來試試斷食後的感覺，並無其他更多的期望。可他這回親臨寺院，對僧人的生活更加親近起來。

他經常看見有一位出家人從他的窗前輕輕地走過，每至此時，他都會羨慕其與世無爭的超凡氣象。有時他會向僧人借來佛經看，企圖在經書中探覓另一種人生。

李叔同自稱斷食的時間爲十七天，但他在虎跑寺實際住的時間則是三個星期。也就是說，自那年學校放年假起，他離開學校的時間已將近一個月。按照李叔同的慣例，他一般是在每周周末回上海一趟，跟居留在上海海倫路家中的日籍夫人團聚，然後於星期日下午返杭州。他寧可自己辛苦奔波，卻從來不無故請假。在夏丏尊看來，李叔同每個星期六都是要回上海的，那麼年假時也必定如此了。所以這回夏丏尊以爲一切如常，學校的西曆年假一放，就自管回上虞老家。可假滿返校時，一貫準時歸來的李叔同卻沒有人影。一天、兩天、十天，直到兩個星期後才發現李叔同一副清癯消瘦的模樣回來了。直到這時，夏丏尊才恍然大悟，原來這位仁兄是背著自己獨自到虎跑寺去實行斷食了。他爲此驚異地問：「爲什麼不告訴我？」

李叔同的回答是：「你是能說不能行的。並且這事預先教別人知道也不好，旁人大驚小怪起來，容易發生波折。」

夏丏尊聽了此言，除了苦笑之外，竟也答不出一句話來。他後悔早先介紹李叔同讀那篇文章，有了這一回，還不知將來再發生什麼樣的事呢！

終於，李叔同於一九一八年正月十五日這天皈依了佛教，並爲正式出家積極作著準備。他的生活，正如他的學生豐子愷說：「漸漸收縮起來」了。

看到這種情景，夏丏尊不勝寂聊，他對自己介紹李叔同讀那篇斷食的文章後悔不已，甚至悔不該在當初苦留李叔同留在浙一師從教。關於此，夏丏尊在〈弘一法師之出家〉一文中痛悔自己當初的作爲：

在這七年中，他想離開杭州一師有三四次之多，有時是因爲對於學校當局有不快，有時是因爲別處來請他，他幾次要走，都是經我苦勸而作罷的，甚至於有一個時期，南京高師苦苦求他任課，他已接受了聘書了，因我懇留他，他不忍拂我之意，於是杭州南京兩處跑，一個星期中要坐夜車奔波好幾次。他的愛我，可謂已經超出尋常友誼之外，眼看這樣的好友因信仰的變化要離我而去，而且信仰的事不比尋常名利關係可以遷就。料想這次恐已無法留得他住，深悔從前不該留他。他若早離開杭州，也許不會遇到這樣複雜的因緣的。

看到李叔同如此「世味日淡」的模樣，有一次夏丏尊急了，不經意就脫口說了一句憤激之言：「這樣做居士究竟不徹底。索性做了和尚，倒爽快！」

李叔同聽了此言並未介意。卻是笑顏相對。夏丏尊哪里知道，他早有這個打算了。

一任杭州教職六年，兼任南京高師顧問者二年，及門數千，遍及江浙。英才蔚出，足以承紹家業者，指不勝屈，私心大慰。弘揚文藝之事，至此已可作一結束。」——這是李叔同出家初期寫給侄子李聖章的信中說到的話。他當然是可以「私心大慰」的，無論他此時是否出家，在弘揚文藝的事上他既對得起自己，又對得起中華民族。一九一八年農曆七月十三日，李叔同告別了任教六年的浙江省立第一師範學校，正式出家爲僧。他出家的時候，夏丏尊已經回老家上虞去了，當時並不知道。可暑假結束夏丏尊到虎跑寺去看李叔同的時候，眼前的這位好友已不叫李叔同而喚弘一法師了。下面的對話很有意思：

「不是說暫時做居士，在這裏修行，不出家的嗎？」

「這也是你的意思，你說索性做了和尚……」

直至此時，夏丏尊方才醒悟，他自己的那些個不經意的言行，在李叔同那裏全都是認眞的。所以，李叔同在出家兩三年後，還對別人說：「我的出家，大半由於夏居士的助緣。此恩永不能忘！」

這天夏丏尊在看望李叔同後，臨別時就跟李叔同作約：「盡力護法，吃素一年。」而李叔同含笑回敬的是四個字：「阿彌陀佛」。

第四章　媽媽的教育

夏丏尊在任教後不久成了學校的舍監。這個吃力不討好的職務，是一般教師不願意擔任的。但夏丏尊出於對學生的關愛，居然自願表示承擔。關於這事，夏丏尊自己有〈緊張氣氛的回憶〉一文。他說：「我的最初擔任舍監是自告奮勇的，其時是民國元年。那時，學校習慣把人員截然劃分爲教員與職員兩種。教書的是教員，教員只管自己教書，管理學生被認爲是職員的責任。飯廳鬧翻了，或者寄宿舍裏出了什麼亂子，做教員的即使看見了，照例可『顧而之他』或袖手旁觀，把責任委諸職員身上。而所謂職員，待遇甚低，其地位力量易爲學生所輕視。狡黠的學生竟膽敢和舍監先生開玩笑，有時用粉筆在他的馬褂上偷偷地畫烏龜，或乘其不意把草圈套在他的瓜皮帽結子上。至於被學生趕跑，是不足爲奇的。舍監在當時是一個屈辱的位置，做舍監的怕學生，對學生要講感情。只要大家說『X先生和學生感情好』，這就是漂亮的舍監。」他還在文章中說：「我做舍監原是預備去挨打與拼命的，結果卻未遇到什麼，一連做了七八年。到後來什麼都很順手，差不多可以『無爲臥治』了。」這些文字可知當時舍監的難做，更可知夏丏尊的做教師是本著一顆對學生、對學校極其負責的精神在做教師的。學校無人願意做舍監，他自告奮勇去做；做了一段時日後，居然一切也都順利。這是有原因的。這原因在很大程度上就是他那「媽媽的教育」所帶來的結果。

同學們將他的教育比做「媽媽的教育」，這是相對於李叔同的「爸爸的教育」而言的。學生豐子愷對此說得較為詳細。豐子愷說：「夏先生與李先生對學生的態度，完全不同。而學生對他們的敬愛，則完全相同。這兩位導師，如同父母一樣。李先生的是『爸爸的教育』，夏先生的是『媽媽的教育』。」在學校裏，事無巨細，夏丏尊幾乎都要操心。他看見年紀小的學生玩狗，會說：「為啥同狗為難！」放假的日子，學生們要出門，他高聲大喊：「銅鈿少用些！」夏丏尊關心學生，學生也都信任他，遇到有向學校請願的事情，學生們都愛去找他，若是他覺得學生的意見合理，便會當作他自己的意見，想方設法去交涉。

一九一五年秋季開始，他又兼任了國文教師。這也是他自告奮勇來教的。他的學生傅彬然在〈怎樣才對得起夏先生對得起自己〉一文中回憶到：「當時『一師』裏的國文教師，多是宿儒碩彥，有長於詞章的，有長於義理的，有長於考據的，講到讀舊書，夏先生不及那些先生們讀那麼多，那麼熟。可是他們教國文，只拿他們自己所熟悉的一套傳授給學生，似乎不大顧到一般師範生的需要和接受的能力如何。夏先生卻能從語文教學和新的文學的觀點著眼。他選給我們讀的文章，比較是偏向於桐城派的，組織謹嚴或富有文學意境的文字。在作文教學上，他教我們言之有物，不說假話，不無病呻吟，避用陳腔濫調。上作文課的時候，除掉普通的命題習作之外，還教我們做大綱，共同寫作，共同訂正。」可見，夏丏尊的國文教學是重視新思想、新方法的。

夏丏尊的思想是開明的。那個時候，「五四」運動將至，他順應潮流，在學生們做慣了「太王留別父老書」、「黃花主人致無腸公子書」之類的文題後，果斷要求學生寫自己親身經歷過的事情。他的具體要求很簡單，那就是「不許講空話，要老實寫。」

有一回，他讓學生寫作文。一位學生寫父親客死他鄉，文中說自己「星夜匍伏奔喪」。夏丏尊看了後就去問這位學生：「你那天晚上眞個是在地上爬去的？」又有一位同學，在文章中頗有一些消極思想和牢騷，說是要「樂琴書以消憂，撫孤松而盤桓。」夏丏尊讀了後又厲聲問道：「你爲什麼來考師範學校？」夏丏尊這種實事求是，力戒矯揉造作的作風對學生影響很大。

對學生誠懇，對教務認眞。這是葉聖陶評價夏丏尊做教師的秘訣。

夏丏尊提倡思想自由，勸學生多看新書和各種刊物。五四運動前後，新思想新思潮的發揚，北方惟北京大學，南方則推浙江省立第一師範學校了。

第五章　「四大金剛」與一師風潮

李叔同出家後，夏丏尊照舊還在浙江省立第一師範學校教書。第二年，也就是一九一九年「五四」運動後，浙江省立第一師範學校成了浙江新文化運動的中心。由於校長經亨頤先生的鼓勵和支援，這所杭州的著名學府在接受新思想、新觀念上速度極快，辦學方式也比較開放、民主。在浙一師的教師中，夏丏尊先生無疑是提倡教育改革的先鋒人物。他與剛從日本歸國而來校執教的陳望道，以及劉大白、李次九共同支援新文化運動，革新國語教學，一時被人們稱作學校裏的「四大金剛」，倍受浙江省教育當局的注意。

在改革國文教學問題上，以夏丏尊爲首的進步教師採取了幾項具體的改革措施：一、提倡白話文；二、傳授注音字母；三、出版國語叢書。

據浙江省立第一師範學校（今杭州高級中學）校史記載，「五四」運動後，學生施存統、汪壽華等先後成立了「全國書報販賣部」與「書報販賣團」。他們的宣言是：「……我們承認現在發表新思想的書報，是文化運動的健將，是解放束縛的利器；所以我們要盡我們的力量來傳播它，這就是我們要組織這個書報販賣部的緣故。」是要「鍛煉心身，改造社會。」另有一些學生成立了第一、第二勞動團，宣傳「勞動神聖」，自覺在學校裏參加各種公益勞動。附屬小學的教師試行「新村制」，新村中的各級幹部皆由民主選舉產生。浙一師的學生先後出版了鉛印八開或十六開的《浙江第一師範校友會十日刊》《浙江第一師範十日刊》、《浙江第一師範學生自治會刊》《浙江新潮》《錢江評論》等報刊。在這些報刊中，《浙江新潮》的影響最大。它由浙一師學生俞秀松、施存統、傅彬然、周伯棣等十四人與省第一中學學生阮毅成、查猛濟及甲種工業學校學生沈乃熙（夏衍）、汪馥泉、倪維雄等共二十多人組成的「浙江新潮社」負責編輯出版。

夏丏尊顯然是這些刊物的積極支持者。他的同事姜丹書在〈夏丏尊先生傳略〉一文中就說：「民國八年冬，學生自治會出刊物，每編竣，須送稿受審於先生。」

從當時新文化運動背景下的浙江省立第一師範學校情況看，無論是經亨頤校長，還是夏丏尊等教師，他們是會在這所辛勤耕耘了多年的學校裏留任下去的。然而，一場風波使他們作出了辭職的決定。

以往，每年的春秋兩季都是要舉行「祭孔」活動的。往年，浙江省的「祭孔」，省長、教育廳長都會參加，而作爲省教育會會長兼浙一師校長的經亨頤則是主要的陪祭人。一九一九年的秋季，在新文化思想影響下的浙一師，尤其是浙江新潮社的學生首先表示不願再參加「祭孔」。經亨頤支援學生，他不顧社會輿論的指責，藉口到山西省出席全國教育會議，毅然離開了杭州。恰在這段時間，《浙江新潮》於十一月七日出版了第二期，刊登了施存統的〈非孝〉一文。文章大意是主張在家庭中用平等的愛來代替不平等的「孝道」。此文一經刊發，再聯繫到浙一師的蔑視「祭孔」，浙江當局以爲洪水猛獸將至，這個浙一師「廢孔」在前，「非孝」在後，如此下去，怎麼得了？於是由省長公署發文至教育廳，命令教育廳查辦。公文說：「查近有《浙江新潮》報紙，所刊論說，類多言不成理，而〈非孝〉一篇，尤於我國國民道德之由來及與國家存在之關係並未加以研究，徒摭拾一二新名詞，肆口妄談，實屬謬妄。查該報通訊處爲浙江第一師範黃宗正，以研究國民教育之師範學校，而有此主張蔑棄國民道德之印刷品，眞堪駭詫。究竟此項報紙係該校何人主持，現在該校辦理情形如何，合行令仰該廳，於文到三日之內，即行切實查明核辦具覆，以憑察奪，毋延切切！」教育廳長在收到公文後不敢怠慢，立即派員到浙一師「查辦」，卻並沒有得到他們所希望的收穫。浙江省當局知道，浙一師的學生之所以敢於「大逆不道」，這後面一定有教師在做後盾的。爲此，教育廳長將校長經亨頤叫去談話，並指責說：「據本廳周科長查明，貴校教員陳望道、劉大白、夏丏尊、李次九等四人，所選國文講義，全用白話。棄文言而不授，此乃與師範學校教授國文之要旨未盡符合。而此四人，又係不學無術之輩，所選教材，夾雜湊合，未免有思想中毒之弊，長此以往，勢將使全校師生，墮入魔障。本廳責成貴校立即將此四人解職，並將學生施存統開除。」

教育廳長原以為校長經亨頤會立即執行他的命令，豈料，經亨頤答覆曰：「我校教師所選文章都是從北京、上海等地公開發行的報刊上選來的，如果使學生讀後會產生『思想中毒』『墮入魔障』之惡果，政府何以不乾脆取締京滬等地出版之物呢?!且學期中途，如何能隨便解聘！再說，學生未教好，那是教育者未盡到職責，不能以開除了之，開除學生非為教育之本旨；學生即使言論失當，但沒有犯罪，不能開除。何況，新思潮這樣勃發，新出版物這樣多，其感動的力量，實在大得了不得。要想法子禁止，實在是辦不到的。如果空氣能排得盡，新思潮才能禁止。盼官廳明白這一點。」

經亨頤的一席話，說得教育廳長啞口無言。當局終於明白，必須首先向「領頭羊」開刀。於是他們調轉炮口，決定撤換校長。一九二〇年二月上旬的寒假期間，經亨頤收到浙江省教育廳廳長給他的一封信，信中說：「……本日備具公文，奉臺端為視學，尚希屈就……即請駐廳襄助一切，兼便隨時顧問……」經亨頤接到信後，立即回信說：「頃奉令調任視學，未敢拜命！校事遵即交卸，另文呈報……」經亨頤的辭職，浙江當局自然高興。一九二〇年二月十七日，新任校長金布上任。金布上任以後，爲凝聚人心，即宣佈：原有教師一律續聘。但他沒有想到，只有兩個人願意受聘。緊接著，學生亦群起挽留經亨頤校長，要求當局收回成命。當局竟調動警察鎮壓，揚言似乎要解散學校。於是，終於引發了一場學潮。經過師生們的據理力爭，再加上各地輿論的聲援，教育當局被迫同意：一、立即撤退駐校軍警；二、立即收回解散學校的命令；三、定期開學，原有教職員復職。

原來，學生們曾提出「留經目的不達一致犧牲」的口號。「留經運動」後，學生們還曾決議了「留四大金剛」的議案，曹聚仁、范堯生等學生爲挽留代表。然而此時的經亨頤和夏丏尊等都已表示堅決不再留任的意願。不久，經亨頤和夏丏尊等「四大金剛」即自動離校，告別了共事多年的浙江省立第一師範學校。

第六章　遠走長沙

夏丏尊離開浙一師後，應湖南第一師範校長范培基之邀，於一九二〇年先去了長沙，任湖南第一師範教職。在這所學校裏，他結識了一位重要人物，即時任教務主任，曾在「五四」運動中蜚聲全國的匡互生先生。此爲他倆在日後白馬湖和立達學園的共事奠定了友誼的基礎。

匡互生，湖南省邵陽縣寶善鄉長沙沖人，生於一八九一年十一月一日。一九一五年考入北京高等師範學校數理部預科，次年秋入本科。一九一九年初巴黎和會開幕。四月三十日，和會在美、英、法三國的操縱下，對中國山東問題作出了損害中國利益的裁決。「二十一條」沒有取消，卻還將德國在山東的權利轉讓給了日本。消息傳到國內，國人群起聲討，並強烈要求中國代表拒絕簽字。五月二日，北京《晨報》用大字體刊出文章：「膠州亡矣，山東亡矣，國不國矣！……國亡無日，願合四萬萬民衆誓死圖之！」五月四日，匡互生參與組織了北京各高等院校學生的示威遊行。遊行隊伍抵達趙家樓曹汝霖宅時，匡互生第一個攀牆破門而入，並舉火焚燒。中國的「五四」運動就此拉開了序幕。匡亙生這位「五四」英雄於該年夏畢業，受聘於長沙楚怡小學，次年夏任湖南第一師範的教務主任。

匡亙生名爲教務主任，實際上卻是總攬全校事務的主角。他思想開放，大膽地在學校裏更新教師隊伍，撤換了大批保守迂腐的教師，延聘了許多具有新思想新觀念的教師。夏丏尊就是在這樣的氣氛中被該校校長邀請來的教師之一。

在湖南第一師範，夏丏尊教的是第十五班國文。和在浙江省立第一師範時一樣，他提倡發揮學生的眞實思想，反對專爲古人作註疏。當時，他曾寫過這樣一首短詩：「中年陶寫無絲竹，澤畔行吟有美人。搜得漫天風絮去，貯將心裏作穠春。」有人對此詩作了這樣的注解：「陶寫無絲竹」是成語「絲竹陶寫」的反其意而用之，意思是自己的前半生少有絲竹幫襯而無法施展寫作的情懷。但是，憂國憂民的投江者屈原仍是自己心中的美人。以往的「漫天風絮」尚未忘懷，貯於內心留待評說。此詩可以認爲是夏丏尊當時的心境坦露。

夏丏尊平生寫詞作詩不多，可在湖南時，他倒是作了一些詩詞的。這或許是因爲他單身一人於湘，多愁善感的他要用詩詞來寄託情感了。〈登長沙白骨山〉和〈雷雨以後〉發表於一九二〇年《民國日報》副刊「覺悟」。這裏引錄一首自題詞，可窺見他當時懷鄉思人的情感：

漂泊三千里。莽蒼蒼，天涯目斷，故鄉何處。欲問青天無酒把，嘗盡離愁滋味。笑落魄萍蹤如寄，逝水年華無術駐，忒匆匆，早是秋天氣，又過了中秋矣。

多情最是團圞月，卻裝成舊時顏色，尋人羈旅，透入書窗懷裏墜，來看愁人睡未。要分付嬋娟一事，今宵倘到家山去，把相思訴入秋閨裏，道莫爲郎憔悴。

夏丏尊自然是想家了。他把暫時駐足長沙視作「逆旅」。

在那樣的時代，要實現自己教育理想談何容易。匡互生在學校中的革新舉動顯然得罪了保守勢力。在那些人的眼中，他已成了「媚洋輕中」、「無政府主義」的典型人物。加上當時長沙局勢不甯，匡互生、夏丏尊等便有了出走之念。他倆都有「新村運動」的理想。所謂「新村運動」，即由西方「烏托邦」思想延續變化而來。它的主要理念是：廢除私有制，財產公有，共同勞動，平均分配；信仰上帝，並以此爲精神支柱；道德至上，放棄自我，爲他人服務。

第七章　清空朗月白馬湖

經亨頤和夏丏尊的故鄉都在浙江省上虞。與夏丏尊所不同的是，經亨頤離開浙一師以後，直接返回了他的故鄉，春暉中學即是在他的主持籌劃之下創辦起來的。

經亨頤（一八七七——一九三八），字子淵，號石禪，晚號頤淵。一九〇〇年，他因參與通電反對慈禧廢光緒帝，被通緝避居澳門。一九〇三年，他赴日本留學，入東京高等師範學校數學物理科。一九二五年後，他投身國民革命，歷任國民黨中央執行委員、國民政府常務委員、國民政府教育行政委員會委員、代理中山大學校長、北京高等師範學校教授等職。他的一生很有特點，即早期參與政治，留日歸國至一九二五年這段時間投身教育；然後又參與政務，晚年再回復教育。

當然，今人在評價經亨頤的時候，主要還是把他視作教育改革的先驅人物。他熱愛教育，在當時來講，他具有一套全新的教育思想體系。「五四」運動後不久，經亨頤就在浙江省立第一師範學校試行了四項教學改革：

一、學生自治；

二、國文改授國語；

三、教員專任；

四、學科制。

由此可見，這位具有改革精神的經亨頤校長對教育是有十分執著的投入的。他回到自己的家鄉，決心辦一所全國一流的私立中學。他把這個設想跟熱心桑梓教育且有財力的鄉賢陳春瀾先生磋商，結果獲陳春瀾的贊助，慨捐二十萬元，以十萬建造校舍，置辦設備；十萬元購買上海閘北水電公司股票，以作學校固定基金。一九一九年十二月二日，校董事會成立，一九二〇年一月，經亨頤被推爲校長，負責籌備建校事宜。這新建的學校，就是春暉中學。春暉中學的首屆學生是在一九二二年九月十日入學的。同年十二月二日，春暉中學舉行開學典禮。經亨頤在典禮會上發言：

近年來奔走南北，有一種感觸，覺得官立國立的學校，現在實不能算好，但要怎樣才會辦好呢？這條件回答是很難的。我第一希望社會能同情於春暉，第二希望校董能完全負責，第三希望有安心的教員，第四希望有滿意的學生。這四種是學校辦好的條件。

官立的學校或不能如此希望，春暉卻可如此希望的。

顯然，經亨頤是因爲浙一師的風波，對教育當局感到失望後才發心在白馬湖這個「世外桃源」辦私立學校的。爲了不讓外部勢力插手學校事務，他甚至不向當時的軍閥政府立案。爲了辦好學校，經亨頤當然不會忘記請回他的同鄉、老同事、老朋友夏丏尊來幫助辦學。而對於夏丏尊來講，上虞既是他的故鄉，而白馬湖又是他理想中的辦學環境。於是，他遂於一九二一年趕回白馬湖，肩負起春暉中學許多的日常教育教學工作。他對春暉中學的感受，幾乎跟經亨頤一樣。夏丏尊在〈春暉的使命〉一文中就說過：

你是一個私立的，不比官立的多窒礙。當現在首都及別省官立學校窮得關門，本省官立中學校有的爲了爭竟位置、風潮迭起、醜穢得不可向邇的時候，豎了眞正的旗幟，振起純正的教育，不是你所應該做的事嗎？

春暉中學有一首受人關注的校歌。此歌採用唐代詩人孟郊〈遊子吟〉的名句：

慈母手中線，遊子身上衣。
臨行密密縫，意恐遲遲歸。
誰言寸草心，報得三春暉。

此歌由豐子愷爲之譜曲。詩的原意是歌頌母愛，以陽光撫育小草的比喻，歌頌母愛的偉大。詩的最後兩個字又正好與校名相同，實可謂該校最理想的一首校歌了。學校同人把摯誠、摯愛與人格感化的教育理念統稱為「愛的教育」。

夏丏尊來到春暉中學，但他只希望自己能在教育教學上做一些實際的工作，亦就是老老實實地做一名教師。經亨頤曾有心要他擔任教務主任，但他卻推薦了湖南第一師範時的同事匡互生。

匡互生離開湖南第一師範後，曾興致勃勃地到了杭州、無錫和宜興等地考察。他有心實現「新村理想」，還在宜興縣扶橋的淩家塘掛上了「新村農場」的牌子。然而，由於實際狀況與他的理想主義距離太遠，他的努力還是失敗了。一九二三年，他不得不接受了上海吳淞中國公學之聘，在那裏擔任數學教師。次年，由於夏丏尊的邀請，他來到了春暉中學。匡互生有一封寫給父母的信，信中寫道：「……本學期我已答應到上海公學中學部作數學教員，不料春暉中學的朋友夏丏尊、劉熏宇幾個人，連日來電來信要我去教學，並且前三天熏宇由春暉趕到上海來請我，我沒有答應他；今天丏尊又到上海來邀我，我為他們的感情所動，只好答應他們了。……春暉中學的校址在浙江上虞的白馬湖，離寧波二百餘里，離杭州二百餘里，交通很便利，風景很好。在那裏養息身體實在非常之好。」匡互生到白馬湖後，夏丏尊即在自己的平屋裏為他備酒洗塵。見到夏丏尊日本式的平屋，匡互生曾問道：「丏尊兄，你的房子這麼精美，爲什麼叫平屋？」夏丏尊則答曰：「我是一個平民，一生也平凡，生活過得平淡，那房子自然也平凡。」匡互生又說：「我看你心情未必平凡。」「你大門這幅對聯便不打自招。」夏丏尊門上的對聯是這樣的：「青山繞屋，白眼對人。」夏丏尊笑曰：「對學生我是媽媽的慈眉眼，對奸人能不白眼相向?!」

除了在教育教學上身體力行之外，辦刊物可謂是一種絕佳的宣傳方式。所以，早在春暉中學創建後不到一年的時間裏，其校刊《春暉》就誕生了。

《春暉》的創刊是與經亨頤、夏丏尊的大力提倡分不開的。經亨頤在一九一九年三月的〈春暉中學計劃書〉裏就明確指出：「而是等事業，影響所及尚不遠，況斯校僻在鄉間，故又宜刊行學校雜誌。此種雜誌非如近來各校之校友會志，徒事表彰成績已也，當以灌輸思想學術爲主旨，如近來《北京大學月刊》。學校程度雖有分別，而同爲教育研究家所居之地，促進社會文化之職責，當然與大學並駕齊驅。將來春暉中學月刊，爲全國人民所必讀，庶名副其實。春日之暉，普及遐邇，豈獨一鄉一邑已哉！」夏丏尊也一樣，他因有感於「近年以來，凡是中等以上的學校，差不多都有出版物」，又鑒於春暉中學「僻處山鄉，所能與大家通氣者，幾乎大半要靠出刊物了。」於是，在夏丏尊、趙友三等共同努力下，《春暉》半月刊於一九二二年十月三十一日應運而生。

《春暉》是一份對開小報目前已知的有四十八期。《春暉》的發行，除少數是各人訂閱外，大部分贈送到省內外中等以上學校和省內各縣高等小學，每期發行量爲一千一百份。據載，夏丏尊當時任校出版社主任，趙友三主管發行，豐子愷負責插圖，而白馬湖作家們則是該刊的主要撰稿人。這份刊物的容量雖小，但是卻很精致，欄目也十分豐富。從一九二三年起，《春暉》開闢了七個專欄，它們是：

「由仰山樓」，發表教職工的意見和議論；

「曲院文藝」，這是學生的發表園地；

「五夜講話」，每月逢五日晚上的教職工課外講話；

「白馬湖讀書錄」，爲教職工和學生的讀書劄記；

「課餘」，師生創作的隨筆、雜文；

「半月來的本校」，每期校訊。

也就是在這個刊物上，夏丏尊爲後人留下了他與白馬湖的諸多行跡，寄託了他在文藝、教育上的一些理想。

第八章　白馬湖散文的風骨

白馬湖位於浙江上虞，距城區五公里。早在二十年代，鐵路線就已經從湖邊經過。那時，在杭州至寧波的鐵路線上有一個驛亭站，從那裏下車，行不多遠，白馬湖即現眼前。

白馬湖有一種悠遠的野趣之美，用朱自清在〈春暉的一月〉中的描述即是：「……湖在山的趾邊，山在湖的唇邊；他倆這樣親密，湖將山全吞下去了。吞的是青的，吐的是綠的，那軟軟的綠呀，綠的是一片；它無端的皺起來了。如絮的微痕，界出無數的綠；閃閃閃閃的，像好看的眼睛。湖邊繫著一隻小船，四面卻沒有一個人，我聽見自己的呼吸。想起『野渡無人舟自橫』的詩，眞覺物我雙忘了。」

美的白馬湖孕育了美的散文。夏丏尊不愧是文化界德高望重的人物，在他的周圍形成了一大批一流人物雲集白馬湖。一個所謂的「白馬湖作家群」便在無形之中產生了。

這群文化人先後都在這裏「築巢」，使這所白馬湖畔的春暉中學與天津的「南開」並有

「北有南開，南有春暉」之譽，而他們也在課餘把酒臨風，在月白風清之中寫文作詩繪畫，過著田園牧歌式的文化生活，創作出了衆多令人醉倒的輝煌之作。

夏丏尊回到老家上虞協助經亨頤管理春暉中學教務，自然是再樂意不過的事。誠然，夏丏尊到春暉中學首先是來辦教育的，但是由於種種原因，他在春暉中學任教的時間並不很長，倒是因爲他的召集，當時國內一批實力派作家紛紛雲集於此地，形成了後來被文學史家稱之爲「白馬湖作家群」的文學群體，而他自己也以一篇〈白馬湖之冬〉，成了白馬湖派的代表作品。他在這篇散文中寫道：「我在那時所日常領略的冬的情味，幾乎都從風來。白馬湖的所以多風，可以說有著地理上的原因。那裏環湖都是山，而北首卻有一個半里闊的空隙，好似故意張了袋口歡迎風來的樣子。」夏丏尊是在寫白馬湖自然的冬、自然的風，但正好可讓我們挪用作比。我們可將「冬的情味」比作白馬湖的情味；把風比作他的那些同道，而這些同道的到來，恰是他「張了袋口」歡迎來的。

被夏丏尊「歡迎」來的作家有：

豐子愷（一八九八——一九七五）是浙江崇德（今桐鄉）人。他於一九一四年秋入浙江省立第一師範學校讀書，是夏丏尊的學生。據豐子愷自己表白，他的練習做文章是在夏丏尊先生鼓勵和直接指導下才入門的。一九一九年豐子愷從浙一師畢業，在做了短期的藝術教師後去了日本遊學十個月。一九二一年冬回國後不久，他應夏丏尊先生的邀請來到白馬湖。在這裏，他不僅邁出了作爲漫畫家的第一步，而且也成了白馬湖作家群中的一員大將。他對白馬湖的感情可在他的〈山水間的生活〉一文中得到體現：「我往往覺得山水間的生活，更爲需要不便而菜根更香、豆腐更肥。因爲寂寞而鄰人更親。」這裏的「鄰人」當然就是白馬湖作家群中的同道們了。

朱自清（一八九八——一九四六），江蘇東海人，因在揚州長大，故自稱揚州人。朱自清一九二〇年畢業於北京大學哲學系。同年秋赴杭州任教於浙江省立第一師範學校。次年，朱自清赴揚州任江蘇省立第八中學教務主任，不久因與校方意見不合而辭職。辭職後，朱自清在吳淞中國公學擔任教員，並結識了葉聖陶、鄭振鐸等白馬湖派作家的週邊人物，且彼此感情彌篤。此後，朱自清曾一度復歸浙江省立第一師範，又於一九二二年秋至浙江台州六師任教。一九二三年春，他到了浙江溫州的浙江省立第十中學任國文教師。一九二四年春赴浙江寧波任教於浙江省立第四中學，而後就到了白馬湖成了夏丏尊、豐子愷的同事。作爲白馬湖作家的代表人物之一，他在散文中爲白馬湖留下了「湖在山的趾邊，山在湖的唇邊；他倆這樣親密，湖將山全吞下去了」這樣的文句。

兪平伯（一九〇〇——一九九〇），浙江德清人。他從小在蘇州長大。一九一一年赴上海學英文、數學，一九一五年考入北京大學文學部。他是中國「五四」之前就從事新詩寫作的作者之一。一九二〇年至一九二二年他先後赴英國、美國學習或考察教育。一九二三年秋，俞平伯在上海大學任教。俞平伯與朱自清交好，兩人多次合作從事文學活動，出版文學書籍。他並未長期在白馬湖春暉中學任教，但是由於朱自清的關係，他到過白馬湖考察和演講，此後又與白馬湖作家關係密切。因此，人們亦將俞平伯視爲白馬湖派的代表作家之一。他爲白馬湖畔的春暉中學也留下了許多文字，其中在其日記中寫道：「春暉校址殊佳，四山擁翠，曲水環之……校舍不砌垣牆，而亦無盜賊，大有盛世之風。」

除了前面提到的諸位作家外，因了白馬湖的魅力而來到春暉中學的文化人還有朱光潛、劉熏宇、劉叔琴、劉大白等。加上葉聖陶、鄭振鐸等，這一派作家的實力可謂十分強大，影響也十分深遠。

朱光潛於一九二二年夏畢業於香港大學，曾在上海吳淞中國公學任英文教師，同時還在上海大學兼課。一九二四年，他被夏丏尊邀請至白馬湖。朱光潛與朱自清是被後人稱之爲「二朱」的兩位好友，而劉熏宇、劉叔琴亦被人們稱之爲「二劉」。葉聖陶雖未在春暉中學教過書，但由於他的文風及他與夏丏尊的親家關係，也被人們視爲白馬湖作家。鄭振鐸的情況與葉聖陶相仿，是一位與白馬湖作家交遊甚密的人物。

以上文人的「進駐」白馬湖，一時使白馬湖有了「人文薈萃，群賢畢至」的氣象。直到如今，人們在談論中國現代散文史時仍經常言及這個作家群體。「五四」前後所興起的中國新文化運動給現代中國的文學提供了一個全新發展的機遇，而在中國現代文學的早期發展之中，散文創作的成績格外引人注目。朱自清在《背影》序言中說：「有種種的樣式，種種的流派，表現著、批評著、解釋著人生的各面，牽流曼衍，日新月異」。就在這種種的樣式，種種流派之中，所謂「白馬湖作家群」，這是人們在談論中國現代散文史時經常言及的話題，而從散文審美角度上講，現代散文中的「白馬湖風格」幾乎又成了近乎完美的範本，無論是中國大陸，還是臺灣、香港，人們都將這一流派的散文選入中學語文課本或視作現代散文研究、賞析的保留作品。

縱觀文學史，所謂「流派」，一般來說均不是當事者自封的。此誠如郁達夫在《新文學大系散文二集・導言》中所述：「原來文學上的派別，是事過之後，旁人（文藝批評家們）添加上去的，並不是先有了派，以後大家去參加，當派員、領薪水、做文章，像當職員似的。」「白馬湖作家群」也一樣，它的形成是很自然的，它並沒有一個有形的組織，也沒有樹立任何大旗，當然也沒有什麼明確的文學口號。它完全是一群志同道合、情趣相投的作家朋友，借了白馬湖的靈性，以自己作品的獨特藝術風格給人們留下的一種難以忘懷的文化印象。

是誰首先提出「白馬湖作家群」這個概念的，這個問題很難詳考。然而對於「白馬湖作家群」的劃歸、界定卻是有不同的意見。一種意見以爲：「白馬湖作家群」的依託是文學研究會寧波分會，而這個群體又與「語絲的美文之群」成爲南北匯合之勢，形成了二十年代散文鼎盛期以周作人爲領袖的清淡小品散文的一個很有權威的流派。這樣的界定，其實把「白馬湖作家群」置於十分寬泛的範圍之中，似乎文學研究會寧波分會的作家們都可以成爲該群體的一員；所有與寧波分會有關的刊物均成了該群體作品的載體。而「白馬湖作家群」充其量也只是周作人散文流派的一個分支了。另一種意見以爲：所謂「白馬湖作家群」，即是二十年代初在浙江省上虞白馬湖畔春暉中學任教、生活過的以秉性溫厚樸實、仁慈善良的夏丏尊爲首的一群可愛的作家。這群作家如朱自清、豐子愷、朱光潛（當然包括夏丏尊）等等固然都是文學研究會會員，在散文史上亦屬於周作人爲代表的沖淡平和的一派，也或多或少與寧波有關係，但他們卻有著獨特而鮮明的「個性」，既在彼此之間的友情中領取樂趣，也在相互之間的藝術熏染中領取樂趣；他們有相近的文學風格，更有共同的理想——張揚藝術、提倡美育，在教育上做一些實際的工作。

其實，從現代散文史角度看問題，我們不妨把「白馬湖作家群」視著周作人散文流派的一翼；而若把「白馬湖作家群」作爲一個課題來研究（即「個案研究」），那麼就必須實事求是地採取第二種界定法，任何人爲地改變內涵、擴大外延的做法都會抹殺「白馬湖作家群」的特色，使其友情與文學、藝術、美育完美融合的「華彩樂段」淹沒在「繁雜」的「合奏」之中。其結果，只能是捨本逐末，丟棄了值得我們眞正應該記取的「白馬湖風格」。

夏丏尊是「白馬湖作家群」的首領人物。從藝術上講，他的散文成就似乎沒有朱自清、豐子愷等人高，作品數量也不多，但從主客觀兩方面審視，他無疑是鑄造「白馬湖散文」風骨的人物，他的散文，平實質樸、清雋意長，算得上是「白馬湖散文」的正宗之作。

用豐子愷的話來說，夏丏尊「看見世間的一切不快、不平、不眞、不善、不美的狀態，他都要皺眉」的。他算是一位憂國憂民、悲天憫人、詛咒黑暗、追求光明的人物了。所以，夏丏尊從一開始起，就把修道德文章看得很重。他對青年讀者說的是眞心話，主張「應當把眞心裝到口舌中去。」所以，在他早期的一些作品中，經常可見到一些發自內心的闡釋和苦口婆心的開導。〈誤用的並存和折中〉闡釋靜止不動是無可求藥的死症，主張徹底變革，反對中庸之道。他詛咒「不爲已甚」的古訓，說：「我們要勸國民吃一服『極端』的毒藥，來振起這祖先傳下來的宿疾！」要不然的話，「是難有徹底改革，長足的進步的希望的，」〈中國的實用主義〉一文，他詳析學問、宗教、思想、文學、藝術等領域各個不同形式的實利主義，以爲「中國人因爲幾千年抱實利實用主義的緣故，一切都不進化。無純粹的文學，並且竟至於弄到可用的物品都沒有了！國民日常所用的物品，有許多都是要仰給外人，金錢也流到外人的手裏去！」爲此，他大聲詰問：「幾千年來抱著實利實用主義的中國人啊！你們的『用』在哪裏？你們的『利』在哪裏？」

夏丏尊雖然時常感歎中國的「無可救藥」，但他畢竟還是追求著希望的。他顯然把這希望寄託在青年人身上，於是就對那些「彷徨於分叉的歧路，饑渴於寥廓的荒原」的青年們投入了更多的心血，傾注了更多的關心。像〈讀書與冥想〉、〈我的中學生時代〉、〈致文學青年〉等，可謂是現身說法、循循善誘了。

〈讀書與冥想〉先後發表於一九二二年十二月一日《春暉》的第三期和一九二三年五月一日的第十一期上，算是夏丏尊的讀書心得，形式上看是一段一段的讀書劄記，寫得情感充沛、富有哲理。這裏摘取幾段以見大概：

將自己的東西給與別人，還是容易的事，要將不是自己的東西當作自己的所有來享樂，卻是一件大大的難事。「雖他鄉之洵美兮，非吾士之可懷」，就是這心情的流露。每遊公園名勝等公共地方的時候，每逢借用公共圖書的時候，我就起同樣的心情，覺得公物雖好，不及私有的能使我完全享樂，心地的窄隘，眞眞愧殺。這種窄隘的心情，完全是私有財產制度養成的。私有財產制度一面使人能佔有所有，一面卻使人把所有的範圍減小，使擁有萬象的人生變爲可憐的窮措大了。

夢是個人行爲和社會狀況的反光鏡。正直者不會有竊物的夢，理想社會的人們不會有遇盜劫受兵災的夢。

高山不如平地大。平的東西都有大的涵義。或者可以竟說平的就是大的。人生不單因了少數的英雄聖賢而表現，實因了蚩蚩平凡的民眾而表現的。啊，平凡的偉大啊。

能知道事物的眞價的，是畫家，文人，詩人。凡是藝術，不以表示了事物的形象就算滿足，還要捕捉潛藏在事物背面或裏面的生命。近代藝術的所以漸漸帶著象徵的傾向，就是爲此。

眞要字畫文章好，非讀書及好好做人不可，不是僅從字畫文章上學得好的。那麼，有好學問或好人格的人都可以成書畫家文章家了嗎？那卻不然，因爲書畫文章在某種意義上是藝術的緣故。

他在另一篇〈早老者的懺悔〉中規勸青年莫像他自己過去那樣輕視體育，以致未老先衰，成了一個「早老者」，鼓勵年輕人重視體育活動。字裏行間，處處像一位仁慈的長者在對晚輩述說著最溫馨最體貼的言語。

夏丏尊早期的散文許多都發表在春暉中學校刊《春暉》上。如〈讀書與冥想〉〈學說思想與階級〉〈「無奈」〉〈徹底〉等等。然而，相比較而言，眞正能代表夏丏尊散文成就的，同時也是極具「白馬湖風格」的還是他的另一類以情見長的文字。這些作品主要有〈聞者有感〉〈長閑〉〈貓〉〈白采〉〈白馬湖之冬〉以及像〈《子愷漫畫》序〉〈我的畏友弘一和尙〉〈弘一法師之出家〉等等。

這一類作品中，像〈聞歌有感〉，是由作者聽了兩個孩子唱俗謠後所引發的關於婦女地位的議論，雖然仍有「說理之嫌」，但風格跟前述一些作品已經兩樣了，其中注入了更多的感情色彩，尤其是結尾一段，活脫脫顯現了一位善良文人的仁慈之心：

> 正在爲妻爲母和將爲妻爲母的女性啊！你們正「忙」著，或者快要「忙」了。你們現在及較近的未來，要想不「忙」是不可能的。你們既「忙」了，不要再因「忙」反屈辱了自己，要在這「忙」裏發揮自己，實現自己，顯出自己的優越，使國家社會及你們對手的男性，在這「忙」裏認識你們的價值，承認你們的地位。

夏丏尊散文的代表之作是〈白馬湖之冬〉。這篇正宗的「白馬湖散文」在寫作上很有特色，其韻味亦十分深長：

> 我過去四十餘年的生涯中，冬的情味嘗得最深刻的，要算十年前初移居白馬湖的時

候了。十年以來，白馬湖已成了一小村落，當我移居的時候，還是一片荒野。春暉中學的新建築巍然矗立於湖的那一面，湖的這一面的山腳下是小小的幾間新平房。住著我和劉君心如兩家。此外兩三里內沒有人煙。一家人於陰曆十一月下旬從熱鬧的杭州移居這荒涼的山野，宛如投身於極帶中。

那裏的風，差不多日日有的，呼呼作響，好似虎吼。屋宇雖係新建，構造卻極粗率，風從門窗隙縫中來，分外尖削，把門縫窗隙厚厚地用紙糊了，椽縫中卻仍有透入。風刮得厲害的時候，天未夜就把大門關上，全家吃畢夜飯即睡入被窩裏，靜聽寒風的怒號，湖水的澎湃。靠山的小後軒，算是我的書齋，在全屋中風最少的一間，我常把頭上的羅宋帽拉得低低地，在洋燈下工作至夜深。松濤如吼，霜月當窗，饑鼠吱吱在承塵上奔竄。我於這種時候深感到蕭瑟的詩趣，常獨自撥劃著爐灰，不肯就睡，把自己擬諸山水畫中的人物，作種種幽邈的遐想。

現在白馬湖到處都是樹木了，當時尚一株樹木都未種。月亮與太陽都是整個兒的，從上山起直要照到下山爲止。太陽好的時候，只要不刮風，那眞和暖得不像冬天。一家人都坐在庭間曝日，甚至於吃午飯也在屋外，像夏天的晚飯一樣。日光曬到哪裏，就把椅凳移到哪裏，忽然寒風來了，只好逃難似地各自帶了椅凳逃入室中，急急把門關上。

在平常的日子，風來大概在下午快要傍晚的時候，半夜即息。至於大風寒，那是整日夜狂吼，要二三日才止的。最嚴寒的幾天，泥地看去慘白如水門汀，山色凍得發紫而黯，湖波泛深藍色。

下雪原是我所不厭的，下雪的日子，室內分外明亮，晚上差不多不用燃燈。遠山積雪足供半個月的觀看，舉頭即可從窗中望見。可是究竟是南方，每冬下雪不過兩三次。我在那裏所日常領略的冬的情味，幾乎都從風來。白馬湖的所以多風，可以說有著地理上原因。那裏環湖都是山，而北首卻有一個半里闊的空隙，好似故意張了袋口歡迎風來的樣子。白馬湖的山水和普通的風景地相差不遠，唯有風卻與別的地方不同。風的多和大，凡是到過那裏的人都知道的。風在冬季的感覺中，自古占著重要的因素，而白馬湖的風尤其特別。

現在，一家僦居上海多日了，偶然於夜深人靜時聽到風聲，大家就要提起白馬湖來，說「白馬湖不知今夜又刮得怎樣厲害哩！」

「在我過去四十餘年的生涯中，冬的情味嘗得最深刻的，要算十年前初移居白馬湖的時候了」。什麼是「冬的情味」呢？不同的作家有不同的感受，也可以有不同的寫法。夏丏尊抓住了白馬湖地理上的特點——「那裏環湖都是山，而北首卻有一個半里闊的空隙。好似故意張了袋口歡迎風來的樣子。」所以他不寫冰霜，唯獨寫風，通篇瀰漫著一種深沈的、撩人遐思的情愫。這種情愫的生成，皆因爲作者對白馬湖風的成功描寫。他說他「領略的冬的情味，幾乎都是從風來。」那是尖削得可以透心的風——「……呼呼作響，好似虎吼……」

夏丏尊並不滿足如此正面寫風。在作了「尖削」的描述之後，他忽然用了對比的手法。他把筆觸宕開，寫晴空下的白馬湖。然而，夏丏尊伏下這溫馨的幾筆，原來是要反襯寒風的。所以，接下去的文字便是：「忽然風來了，只好逃難似地各自帶了椅凳逃入室中，急急把門關上。」這樣的風算是可怕的了，但由於夏丏尊在文章中給讀者留下了獨自在小後軒聽風見鼠撥火遐想的詩趣，也由於他在文章結尾處無意之中流露出的一份濃郁的思鄉之情——「白馬湖不知今夜又刮得怎樣厲害哩！」——所以，讀者在讀了這篇文章後不僅不會由於尖削的寒風而對白馬湖產生畏懼疏離之感，反而會因此而去咀嚼它深長雋永的意味，激起內心深處人生情感的漣漪，體味著世間衆生彼此一種「生」的意趣。

夏丏尊散文的表現形式以白描爲主，有時甚至讓人覺著「白」到了無任何技巧可言，但由於他把一些所謂的「技巧」巧妙地隱伏在平實的文字之中，同時通篇無處不激蕩著作者的人間情懷，所以，他的文章能給人清雋之感、純樸之情和充實的人格力量。

夏丏尊散文的這種風格是跟他的文學主張有直接聯繫的。他在〈文學的力量〉一文中闡述過他自己的文學觀。他以爲文學的特性首先是「具象」，「第二是情緒的」文學作品，是「把客觀的事實具象地寫下來，使人自己對之發出一種情緒，取得其預期的效果。」他又在〈文藝論ABC〉中指出作家必須具有感情和觀察力的敏感，「能於平凡之中發現不平凡，於部分之中見到全體。」當然，夏丏尊是十分注意修「道德文章」的，他有一種「使命感」，用葉聖陶的話說：「讀他的作品就像聽一位密友傾吐他的肺腑之言。」（《夏丏尊文集・序》）夏丏尊在〈文學的力量〉中還有一句話值得人們注意：「文學並非沒有教訓，但是文學所含的教訓乃係訴之於情感……文學之收教訓的結果，所賴的不是強制力，而是感化力」，就像「良師對於弟子，益友對於知己。」

夏丏尊的散文創作不算多，收成集子的僅有《平屋雜文》。然而，他的影響十分巨大。有人以爲，他的一篇〈白馬湖之冬〉便就使白馬湖出了名，散文白馬湖派也因此有了與其藝術特質相吻合的名稱。「白馬湖作家群」這個名稱是否就是從這篇文章來的，這個問題值得探討，但夏丏尊及其作品在白馬湖作家群形成和藝術風格鑄就方面起著舉足輕重的作用則毫無疑問。白馬湖作家群中的另一位主將豐子愷承認：「我在校時不會作文。我的作文全是出校後從夏先生學習的。夏先生常常指示我讀什麼書，或拿含有好文章的書給我看，在我最感到受用。他看了我的文章，有時皺著眉頭叫道：『這文章有毛病呢！』『這文章不是這樣做的！』有時微笑點頭而說道：『文章好呀……』我的文章完全是在他這種話下練習起來的。」他還說：「以往我每寫一篇文章，寫完之後總要想：『不知這篇東西夏先生看了怎麼說。』因爲我的寫文，是在夏先生的指導鼓勵之下學起來的。」白馬湖作家如此，即便是別的作家，如巴金，他也承認：「『五四』以後，從魯迅起又出現了不少新散文的能手，像朱自清、葉聖陶、夏丏尊先生，我都受到過他們的影響。」（《談我的散文》）巴金在這裏所列舉的三位散文作家，居然都是「白馬湖派」的。

夏丏尊的〈白馬湖之冬〉寫於一九三三年，當時夏丏尊早已定居上海。可是他仍咀嚼著十年前白馬湖的情味。

第九章 弘一大師情結

從客觀上講，夏丏尊始終都有一種「弘一大師情結」。這種情結的產生，當然是由於他對弘一大師的崇拜。雖然當時在白馬湖任教的文人們都崇拜弘一大師，比如朱光潛在〈豐子愷先生的人品與畫品〉一文中說：「當時一般朋友中有一個不常現身而人人都感到他的影響的——弘一法師。」他晚年在接受訪談時又強調：「豐先生信佛，當時，我們並不感到奇怪。我們自己也看過一點佛書，覺得以出世的精神做入世的事業就專心致志去做。在當時那樣的環境裏，我們都很苦悶，想找條出路……我見過弘一法師，很敬佩他的人品。」

葉聖陶也是以結識弘一大師為榮的。一九二七年秋，弘一大師到上海，他就托豐子愷介紹，見過大師，見面後又為人們留下了〈兩法師〉一文。應該講，朱光潛對弘一大師的敬重在白馬湖作家中很有代表性。比如他在〈以出世的精神，做入世的事業〉一文中就說：「我自己在少年時代曾提出『以出世精神做入世事業』作為自己的人生理想，這個理想的形成當然不止一個原因，弘一法師替我寫的《華嚴經》偈對我也是一種啓發。佛終生說法，都是爲救濟衆生，他正是以出世精神做入世事業的。入世事業在分工制下可以有多種，弘一法師從文化思想這個根本上著眼。他持律那樣謹嚴，一生清風亮節會永遠嚴頑立懦，爲民族精神文化樹立了豐碑。」

春暉中學的教師大多是從大文化角度上來理解弘一大師、敬重弘一大師的，即便是後來拜弘一大師皈依佛教的豐子愷也未必不是如此，他以居士的身份處世，承傳著弘一大師的文化精神（包括佛教精神）。他們在人格取向上如此以弘一大師爲鏡，而在教育教學方面也是如此。

正如前述，隨著春暉中學的誕生。這些人首先樹立起了鮮明而獨特的教育觀點和理念。他們的教育教學理念主要包括新村意識；德、智、體、美、群、勞六育並重和注重人格感化。他們將弘一大師比作「背光」，足可見其中的淵源關係了。現在研究者常講：就白馬湖作家群的研究而言，如果把這個總課題的研究看做是一部交響樂，那麼他們之間的親密無間、文學風格、藝術追求和教育、教學理念與實踐等等核心內容就是這部交響樂中的「華彩樂段」，而教育、教學理念與實踐則是這「華彩樂段」中不可或缺的組成部分。少了它，樂段「華彩」不起來，而交響樂也就不甚精彩了。同理，如果沒有弘一大師作白馬湖作家的「背光」，那麼，相信白馬湖作家的魅力也必不會像今天這樣令人回味無窮。

朱自清在〈教育家的夏丏尊先生〉一文中說過：「夏丏尊先生是一位理想家。他有高遠的理想，可並不是空想，他少年時傾向無政府主義，一度想和幾個朋友組織新村，自耕自食，但是沒有實現。」新村意識構成了以夏丏尊爲代表的白馬湖作家的教學理念的基礎。這種帶有柏拉圖理想的情結其實是很有人本主義觀念的表現。正因爲有了這樣的尊重個性的思想基礎，所以才有了「六育」並重和人格感化的教育主張。

夏丏尊是與弘一大師最有緣的人之一。我們可以注意到一個基本的事實，這便是夏丏尊在〈弘一法師之出家〉一文中談到當年與李叔同共事於浙江省立第一師範學校時的文字：

> 我擔任舍監職務，兼教修身課，時時感覺對於學生感化力不足。他教的是圖畫音樂二科，這兩種科目，在他未來以前是學生所忽視的，自他任教以後就忽然被重視起來，幾乎把全校學生的注意力都牽引過去了。課餘但聞琴聲歌聲，假日常見學生外出寫生，這原因一半當然是他對於這二科實力充足，一半也由於他的感化力之大。只要提起他的名字，全校師生以及工役沒有人不起敬的。他的力量全由誠敬中發出，我只好佩服他……
>
> ……

李叔同出家後，夏丏尊自然有萬分的感慨，但在他來說，此後的他卻是一位自覺實行人格感化的代表人物。他把人格感化的教育理念具體爲「愛的教育」。他苦口婆心地寫了大量文章，如〈悼一個自殺的中學生〉〈怎樣對付教訓〉〈一個從四川來的青年〉〈教育的背景〉等等，字裏行間充滿了對青年學生的愛心。曾經是夏丏尊的學生豐子愷將夏丏尊的教育看作是「媽媽的教育」。而夏丏尊則在他的〈《愛的教育》譯者序言〉中要求教師不要像販運知識的商人，僅僅把各科知識送到學生手中，這就缺少了一種東西。他打了一個比方說：「好像掘池，有人說四方形好，有人又說圓形好，朝三暮四地改個不休，而於池的所以爲池的要素的水，反無人注意。教育上的水是什麼？就是情，就是愛。教育沒有了情愛，就成了無水的池，任你四方形也好，圓形也罷，總逃不了一個空虛。」

李叔同的教育精神自然影響到夏丏尊，而作爲白馬湖作家的領袖人物，夏丏尊的精神也無疑影響著他周圍的人。

朱自清說：「第一教育者先須有『培養』的心，坦白的，正直的，溫熱的，忠於後一代的心！有了『培養』的心，才說得到『培養』的方法。」「第一先須有溫熱的心，能夠愛人！須能愛具體的這個那個的人；不是說能愛抽象的『人』。能愛學生，才能眞的注意學生，才能得到學生的信仰；得了學生的信仰，就是爲學生所愛。那時眞正如父子兄弟一家人，沒有說不通的事；感化於是乎可言。」

夏丏尊的教育教學理念形成的原因和實際運用自然還可作多方面的研究，但弘一大師的影響是不言而喻的。這種摯誠、摯愛和身體力行的人格在弘一大師——李叔同那裏是全都具備了的。

出家前的李叔同是經亨頤、夏丏尊在浙江省立第一師範學校時的同事，是豐子愷的老師；出家後的李叔同成了大名鼎鼎的弘一大師。他在出家以後，可謂是仙鶴雲遊，四方爲家。一九二五年的一天，弘一大師雲遊至寧波七塔寺。此時夏丏尊恰好也在寧波。他得知消息後，迫不及待地就前往拜望。夏丏尊在雲水堂裏看到四五十個遊方僧住著，似乎皆睡統鋪，而弘一就住在下層。老友重逢，他倆便坐在廊下的板凳上交談起來：

「到寧波三日了，前兩日是住在小旅館裏的。」

「那旅館不十分清爽吧？」

「很好！臭蟲也不多，不過兩三隻。主人待我非常客氣呢！」

他倆談了一會兒後，夏丏尊就邀請弘一到上虞白馬湖住幾天。由於夏丏尊的堅請，弘一也就答應下來。

到了白馬湖，夏丏尊將弘一安頓在春社住下。只見弘一親自把鋪蓋打開。這是十分簡單，且用破席子裹著的鋪蓋。只見他將破席子珍重地鋪在床上，又攤開了被子，把衣服捲了幾件就充作了枕頭。然後，他取出一塊又黑又破的毛巾從容地走到湖邊去洗臉。

夏丏尊實在忍不住了，就說：

「這手巾太破了，替你換一條好嗎？」

「哪裏！還好用的，和新的差不多。」

弘一一邊說，一邊就把毛巾展開來讓夏丏尊看，好象是表明它並不十分破舊似的。

弘一到白馬湖時，已過了中午。由於他嚴格按照戒律行事，過午即不進食。第二天，夏丏尊在沒有到中午之前就早早地送去了飯菜。弘一吃飯時，夏丏尊就在一旁看著。這菜不過是些白菜蘿蔔之類的家常素菜，可弘一吃起來卻是那樣的喜悅。尤其是當他用筷子鄭重地夾起一塊蘿蔔時的那種惜福的神情，夏丏尊見了感動地要流下淚來。

這天，有另一位朋友送來了四樣素菜，其中一碗菜非常鹹。夏丏尊帶著責備的口吻說：

「這太鹹了！」豈知弘一說道：「好的！鹹的也有鹹的滋味，也好的！」

此後，弘一表示不必再專門爲他送菜來，說他自己可以走著去吃飯。

「那麼逢天雨仍替你送去吧。」

「不要緊！天雨，我有木屐哩！」他把「木屐」二字說得很鄭重，儼然是一種了不得的法寶一般。他又補充日：「每日走些路，也是一種很好的運動。」

在弘一看來，這世界上竟沒有一樣東西是不好的。小旅館是好的，儘管有幾隻臭蟲、統鋪是好的、破席子是好的、破毛巾是好的、鹹苦的素菜是好的、走路也是好的……夏丏尊算是徹底地折服了：「這是何等的風光啊！宗教上的話且不說，瑣屑的日常生活到此境界，不是所謂生活的藝術化了嗎？人家說他在受苦，我卻說他是享樂。我常見他吃蘿蔔白菜時那種喜悅的光景，我想：蘿蔔白菜的全滋味，眞滋味，怕要算他才能如實嘗到了。對於一切事物，不爲因襲的成見所縛，都還他一個本來面目，如實觀領略，這才是眞解脫，眞享受。」

在夏丏尊看來，弘一大師未出家時，曾是國內藝術界的先輩，而披剃後專心念佛，見人也但勸念佛，藝術上的話是不談起了。可是這一次在白馬湖相處，則是深深地受到了藝術的刺激——生活藝術的刺激！

「藝術的生活原是觀照享受的生活，在這一點上，藝術和宗教實有同一的歸趨。凡爲實例或成見束縛，不能把日常生活咀嚼玩味的，都是與藝術無緣的人。眞的藝術，不限在詩裏，也不限在畫裏，到處都有，隨時可得。能把它捕捉了用文字表現的是詩人，用形及五彩表現的是畫家。不會做詩，不會作畫，也不要緊，只要對於日常生活有觀照玩味的能力，無論如何都能有權去享受藝術之神的恩寵。否則雖自號爲詩人畫家，仍是俗物。」——這便是夏丏尊在與弘一大師相處後的感觸！

對於白馬湖，弘一大師顯然是喜歡的。一九二八年十一月，夏丏尊與劉質平、經亨頤、周承德、穆藕初、朱酥典、豐子愷等七人還聯合發出了〈爲弘一法師築居募款啓〉，擬在浙江上虞白馬湖畔爲大師築一長住居舍。

這啓文是這樣寫道：

弘一法師，以世家門弟，絕世才華，發心出家，已十餘年。披剃以來，刻意苦修，不就安養；雲水行腳，迄無定居；卓志淨行，緇素歎仰。同仁等與師素有師友之雅，常以俗眼，湣其辛勞。屢思共集資財，築室迎養，終以未得師之允諾而止。師今年五十矣，近以因緣，樂應前請。爰擬遵循師意，就浙江上虞白馬湖覓地數弓，結廬三椽，爲師棲息淨修之所，並供養其終生。事關福緣，法應廣施。裘賴腋集，端資眾擎。世不乏善男信女，及與師有緣之人，如蒙喜捨淨財，共成斯善，功德無量。

弘一大師一向反對別人以任何名義替他築屋，但如今卻能同意在白馬湖建房淨修，這是一件很有意味的事情。

一九二九年初夏，此宅在白馬湖邊竣工。此屋地處小山東麓，平房三間，緣數十級石階而上。弘一大師以李商隱「天意憐幽草，人間重晚晴」句意，題名爲「晚晴山房」。這一年的九月，弘一大師自溫州來此小住。大師還書寫「天意憐幽草，人間重晚晴」聯贈夏丏尊先生，自題「已巳九月曇日方，時年五十」。又書「具足大悲心」篆書五字，題記曰：「此古法卷紙也。藏於錢塘定慧寺者百年後，歸於余又十數年。邇將遠行，寫華嚴經句，以付後人，共珍奉焉。晚晴院沙門論月時年五十」。

弘一大師對晚晴山房顯然十分滿意。這在他給夏丏尊、豐子愷等人的信中曾多次談到過。以下便是弘一大師在這些信中關於「晚晴山房」的文字：

山房建築，於美觀上甚能注意，聞多出於石禪（即經亨頤——引者注）之計劃也。石禪新居，由山房望之，不啻一幅畫圖（後方之松樹配置甚好）。彼云：曾費心力，慘澹經營，良有以也。現在余雖未能久住山房，但因寺制或有重大之變化，亦可毫無憂慮，仍能安居度日。故余對於山房建築落成，深爲慶慰。甚感仁等護法之厚意也。（秋後往閩閉關之事，是爲宿願，未能中止。他年仍可來居山房，終以此處爲久居之地也。）以上之意，如仁者與發起諸居士及施資諸居士晤面之時，乞爲代達。因恐他人以新居初成，即往他方或致疑訝者。故乞仁者善爲之解釋，俾令大眾同生歡喜之心也。

——一九二九年致夏丏尊

前日寄奉一函，想已收到。至白馬湖後，承夏宅及諸居士輔助一切，甚爲感謝。前者仁等來函，曾云山房若住三人，其經費亦可足用云云。朽人因思，現在即迎請弘祥師

> （即弘祥法師，弘一大師之師兄——引者注）來此同住。以後朽人每年在外恒勾留數月，則山房之中居住者有時三人，有時二人，其經費當可十分足用也。仁等於舊曆九月望以後，（即陽歷十月十七八日以後）來白馬湖時，擬請由上海繞道杭州，代朽人迎請弘祥師，偕同由紹興來白馬湖。
>
> ——一九二九年致夏丏尊、豐子愷

> 至白馬湖後，諸事安適。至用欣慰。廁所及廚竈已動工構造。廚房用具等，擬於明後日，請惟淨法師偕工人至百官購買。彼有多年理事之經驗，諸事內行，必能措置妥善也。山房可以自炊，不用侍者。今日擬向章君處領洋十五元，購廚房用具及食用油鹽米豆等物。其將來按月領款辦法，俟與仁者晤面時詳酌……以後自炊之時，尊園菜蔬，由尊處斟酌隨時佈施……
>
> ——一九二九年致夏丏尊

當時，夏丏尊還在上海，由於身體欠佳，大師曾寫信要求他暫時可不來白馬湖。可是，夏丏尊還是趕來了。

弘一大師在信中所說到的「石禪新居」就是「長松山房」。

「長松山房」是經亨頤在白馬湖的住所。經亨頤是教育家、社會活動家，同時也是金石書畫的愛好者。他特別喜歡松樹，曾在一幅松樹圖上題詩曰：「爲木當作松，松寒不改容。我愛太白句，居亦曰長松。」經亨頤取屋名爲「長松山房」，緣於他的寓所周圍有三棵合抱巨松，此正是弘一大師在給夏丏尊的信中所說的「後方之松樹配置甚妙」。經亨頤顯然在松樹上寓著他自己的抱負和理想。他的另一首〈松〉詩是這樣寫的：「像崗濤聲安在哉，青青何處好栽培。聽松移向山間去，爲有幽棲大廈材。」春暉中學開運動會，經亨頤也沒有忘記在發放獎品時詠上一首松詩言志：「春光猶不足耘耕，樂與長林終歲盟。管領湖山輔衆綠，欣欣益壯樹風聲。」

目前，「晚晴山房」已成了白馬湖的重要人文景觀。在白馬湖，除了「晚晴山房」、「長松山房」外，還有夏丏尊的「平屋」和豐子愷的「小楊柳屋」值得一記。

「平屋」是當年夏丏尊在白馬湖時的居所。它地處春暉中學東北面，背靠小山，面對湖水。房屋按日本建築風格設計，幾間平房，樸實無華。夏丏尊將此屋取名爲「平屋」，除了紀實外，多少還有平民、平凡、平淡的意思。夏丏尊曾在一篇散文裏表示，高山不如平地大。平的東西都有大的涵義。他說：「人生不單因了少數的英雄聖賢而表現，實因蚩蚩平凡的民衆而表現的。」於是，他發出了像古人登幽州台、岳陽樓那樣的慨歎：「啊，平凡的偉大啊。」再說他的平屋，這裏所蘊涵的平凡、平淡之中並非沒有情趣。朱自清在〈「海闊天空」

與「古今中外」〉一文中為人們描繪了夏丏尊在「平屋」中的盆栽：

我愛白馬湖的花木，我愛S家的盆栽——這其間有詩有畫，我且說給您。一盆是小小的竹子，栽在方的小白石盆裏；細細的竿子疏疏地隔著，疏疏的葉子淡淡地撇著，更點綴上兩三塊小石頭：頗有靜遠之意。上燈時，影子寫在壁上，尤其清雋可親。另一盆是棕竹，瘦削的竿子亭亭地立著；下部是綠綠的，上部頗勁健地坼著幾片長長的葉子，葉根有細極細極的棕絲捆著。這像一個豐神俊朗而蓄著微鬚的少年。

眞虧得朱自清有如此細膩的描述。朱自清文中的「S」即指夏丏尊先生。我們從文中已完全可以體會到，如此恬適而極具生氣的小屋是頗合白馬湖文人的趣味的。這群文人經常到夏丏尊先生的「平屋」裏去喝酒。俞平伯只在「平屋」裏吃了一頓飯，這就在他的日記裏留下了「屋頗雅潔」的評語。俞平伯後來很遺憾自己沒有更多的描述，殊不知他卻抓住了本質印象。當然，夏丏尊在他的名篇〈白馬湖之冬〉裏描述的也是他在「平屋」裏寫作的情境。

夏丏尊在「平屋」裏寫下了不少作品，其中有許多就收集在他的散文集《平屋雜文》裏。他那影響甚大的譯作《愛的教育》也是在這屋裏完成的。

與「平屋」一牆之隔曾住過朱自清一家。朱自清到白馬湖後就把一家人都接過來了。可以想見，與夏丏尊為鄰的朱自清，他對「平屋」的印象、對夏丏尊的感情該是至深的了。朱自清在〈白馬湖〉一文中就寫到：「離開白馬湖是三年前的一個冬日。前一晚『別筵』上，有丏翁與雲君。我不能忘記丏翁，那是一個眞摯豪爽的朋友。」所以，朱自清後來又作了同爲〈白馬湖〉之題的長詩，仍惦念著白馬湖，惦念著「平屋」。

「小楊柳屋」的主人是豐子愷。按照豐子愷自己的解釋，當時之所以取屋名叫「小楊柳屋」，是因爲看見有人在白馬湖邊種楊柳樹，順便向種樹人要了一株，種在寓所的牆角裏，因此就給這屋子取名爲「小楊柳屋」。

「小楊柳屋」與劉叔琴的寓所貼鄰；而夏丏尊的「平屋」還與劉薰宇的居屋貼鄰，兩對房子遙遙相望，時人戲稱爲「夏劉」、「豐劉」。這四家人是不分彼此的。日常用品互通有無，紹興黃酒成罎地往家裏買，輪到哪家開罎，四人便到哪家去喝酒。「小楊柳屋」也是豐子愷漫畫藝術的搖籃。在這屋裏，他在夏丏尊、朱自清的鼓勵下，開始了漫畫創作的初步。

在春暉中學任教期間，經亨頤曾兼任寧波第四中學校長。一九二四年四月，夏丏尊也應聘兼任這所學校的語文教師，每周往返於鐵路線上，學生們戲稱他們是「火車教員」。

第十章　愛的使者

夏丏尊曾翻譯過一部當時在中國頗具影響的《愛的教育》。他翻譯此書，自然與他的教育思想有很大關係。夏丏尊的教育理念的內涵主要包括這樣幾個方面：理想化的新村意識；德、智、體、美、群、勞六育全面發展；注重人格感化以及開放式的多樣化教學手段。尤其是愛的教育，這是他對學生的一貫態度。

摯誠、摯愛與「人格感化」是夏丏尊之所以爲人深愛的主要原因，也是他對自身教育、教學理念與實踐的第一要求，不妨將其稱爲「愛的教育」。這種愛的教育在夏丏尊身上體現得十分明顯。

早在豐子愷於浙江省立第一師範學校做夏丏尊的學生時，他就有深刻的體會，豐子愷說過：夏丏尊先生的教育是「媽媽的教育」。夏丏尊總是要求教師不要像販運知識的商人，僅僅把各科知識送到學生手中，這就缺了一種東西。那麼缺少什麼東西呢？夏丏尊曾打過一個比方：「好像掘地，有的人說四方形的好，有的說圓形的好，朝三暮四改個不休，而於池的所以爲池的要素的水，反無人注意。教育上的水是什麼？就是情，就是愛。教育沒有了情愛，就成爲無水的池，任你四方形也罷，圓形也罷，總逃不了一個空虛。」（夏丏尊〈《愛的教育》譯者序言〉）

夏丏尊翻譯《愛的教育》一書，可稱之爲中國近現代教育史上的一段佳話。

《愛的教育》的原作者是義大利人亞米契斯，此書出版之後，曾風靡一時，據說印了三百版。夏丏尊的譯本是從日文版轉譯成中文的。他從一九二三年起就在他那間白馬湖畔的平屋裏翻譯，並先在上海的《東方雜誌》上連載。夏丏尊爲什麼要翻譯此書呢？據他自己在序言裏說：「我在四年前始得此書的日譯本，記得曾流了淚三日夜讀畢。」他實在是爲書中的愛心所打動了，他說：「這不是悲哀的眼淚，乃是慚愧和感激的眼淚……書中敘述親子之愛，師生之情，朋友之誼，鄉國之感，社會之同情，都近於理想的世界，雖是幻影，使人讀了覺到理想世界的情味，以爲世間如此才好。於是不覺就感激了流淚。」

夏丏尊翻譯《愛的教育》，得到了白馬湖作家們的支援與同情。每期稿成，劉熏宇、朱自清便成了最初的讀者，並爲之校正。豐子愷則爲此書作了十幅插圖，並精心繪製了封面。朱自清爲人們介紹了夏丏尊譯此書時的心境：「他翻譯這本書，是抱著佛教徒了願的精神在動筆的，從這件事上可以見出他將教育和宗教打成一片。這也正是他的從事教育事業的態度。他愛朋友，愛青年，他關心他們的一切。」（〈教育家的夏丏尊先生〉）夏丏尊譯的《愛的教育》於一九二六年由開明書店出版了單行本，此書後來風行中國二十餘年，再版二十多次。

所謂「愛的教育」，當時在春暉中學顯然是成氣候的。朱自清說：「第一教育者先須有『培養』的心，坦白的，正直的，溫熱的，忠於後一代的心！有了『培養』的心，才說得到『培養』的方法。」他又說：「我總覺得『為學』與『做人』，應當並重，如人的兩足應當一樣長一般。現在一般號稱賢明的教育者，卻因為求功利的緣故，太重視學業這一面了，便忽略了那一面，於是便成了跛的教育了。跛的教育是不能行遠的，正如跛的人不能行遠一樣……學生既是要學做人，你卻單給以知識，變成了『教』而不『育』，這自然覺得偏枯了。」朱自清主張，教師本人須具有純正的人格，「第一先須有溫熱的心，能夠愛人！須能愛具體的這個那個的人；不是說能愛抽象的『人』。能愛學生，才能真的注意學生，才能得學生的信仰；得了學生的信仰，就是為學生所愛。那時真如父子兄弟一家人，沒有說不通的事；感化於是乎可言。」他再次強調，這樣的愛是要有大氣度的，正如同母親撫育子女一樣，無論怎樣瑣屑，都要不辭勞苦的去做，這樣才會有真正堅韌的愛。這種愛的教育是用不著什麼「法」來規範的，「法」是力量小的人用的。朱自清最後總結道：「教育者須對於教育有信仰心，如宗教徒對於他的上帝一樣；教育者須有健全的人格，尤須有深廣的愛；教育者須能犧牲自己，任勞任怨。」爲此他大聲疾呼：「我斥責那班以教育爲手段的人！我勸勉那班以教育爲功利的人！我願我們都努力，努力做到那以教育爲信仰的人！」（朱自清〈教育的信仰〉，一九二四年十月十六日《春暉》第三十四期）

劉叔琴寫於一九二四年四月二十九日的〈課餘二則〉一文中也闡述了類似的主張，他把教育分成兩種，「一種是立在十分欣悅的生活上面的教育；還有一種是立在十分厭惡的生活上面的教育。」他當然是提倡第一種教育的，因爲這種教育把生活的一切都可認作教育，教育者和被教育者只是生活上、社會上的先知和後知，先覺與後覺的關係；在狹義的教育環境中就是互相融洽的師生關係。他們雙方彼此都不作隱秘，越接近越好，越瞭解越容易使教育見效。爲此他明確指出，這種教育的基礎是愛，方法是感化，形式是交換。

夏丏尊在《春暉》上發表的〈讀書與冥想〉一文中的「切身體會」或許是劉叔琴此言的最好補充了：「教師對於學生所應取的手段，只有教育與訓育二種：教育是積極的輔助，教訓是消極的防制。這兩種作用，普通皆依了教師的口舌而行。要想用口舌去改造學生，感化學生，原是一件太不自量的事，特別地在教訓一方面，效率尤小。可是教師除了這笨拙的口舌，已沒有別的具體的工具了。不用說，理想的教師應當把眞心裝到口舌中去，但無論口舌中有否籠著眞心，口舌總不過是口舌，這裏面有著教師的悲哀。」

夏丏尊這裏講的「眞心」，無疑就是「摯誠」、「摯愛」，有了這種愛心固然好，但若僅停留在口舌上還不夠，重要的是輔之以「人格感化」、身體力行才對。柯靈先生在〈「欲造平淡難」——夏丏尊先生生辰百年祭〉一文中的一段話頗有啓示意義，他說：「溫良恭儉讓曾經被當作革命的對立物，暴烈行動與流血鬥爭則被強調爲唯一的革命手段。但革命本身卻是天才的閃爍，一門極其複雜的藝術。革命比做文章艱苦，比繪畫繡花細緻，革命也可以在宴會中彬彬有禮地進行，革命不僅意味著破壞，更意味著建立。」

第十一章　立達學園

從「白馬湖作家群」的自然形成起，這個文學群體實際存在的時間跨度大約在一九二二年至二十年代末，而他們在白馬湖的活動，前後不過三年時間。換一句話說，這群可愛的作家朋友至一九二四年冬天起就星散了。他們之所以要告別他們曾經竭力讚美過的白馬湖，是因爲他們漸漸地與春暉中學領導層在教育、教學理念上產生了嚴重的分歧。

朱自清在〈教育家的夏丏尊先生〉一文中對這種分歧情況有所披露：「但是理想主義的夏先生終於碰著實際的壁了。他跟他的多年的老朋友校長經先生意見越來越差異，跟他的至親在學校任主要職務的，意見也不投合；他一面在私人關係上還保持著對他們的友誼和親情；一面在學校政策上卻堅執著他的主張，他的理想，不妥協，不讓步。他不用強力，只是不合作；終於他和一些朋友都離開了春暉中學。」

朱自清是當時春暉中學的教師，他的說法當然有可信性。從他的這段話中可以知道，以夏丏尊爲首的白馬湖作家們，他們的對立面有二：校長經亨頤先生和掌握實權的人物（至於其中被朱自清稱作夏丏尊至親的爲何人尚不清楚）。我們在前面已經提到，經亨頤先生是一位富有改革精神的教育家，但他的辦學理念與白馬湖作家們仍有一些區別，尤其是在「新村實踐」上，他似乎對此不以爲然。另外，有資料表明，在男女同校的問題上，夏丏尊與經亨頤也有著比較嚴重的意見分歧。曾在春暉中學就讀過的張林嵐在〈紀念之外的紀念〉一文中爲人們披露了這樣一則消息：「夏先生主張人格教育，影響所及，『春暉』廢除了任何形式的體罰和不尊重人格的管理方式。學校裏很早就實行學生自治，提倡發展個性，思想自由，男女合校。當時風氣未開，男女合校還被許多人認爲危險的。一九二四年『春暉』還因爲男女合校與否的爭論，鬧了一場風潮。夏先生和少數教師主『合』，經校長主『分』，意見相左，終於分道揚鑣。我到『春暉』時，男女合校已經多年，而且經校長的愛女也在『春暉』讀書。」

與這種說法相近的還有朱光潛的一段回憶。朱光潛在〈回憶上海立達學園和開明書店〉一文中說：「我由文藝界老友夏丏尊先生的介紹，轉到浙江上虞白馬湖春暉中學。在短短的幾個月中，我結識了後來對我影響頗深的匡互生、朱自清和豐子愷幾位好友。……而春暉中學校長是國民黨的中央委員，作風有些專制。匡互生向校長建議改革（其中有讓學生有發言權、男女同校等），被校長斷然拒絕了。」

張林嵐曾經是春暉中學的學生，而朱光潛是當時的教師，他們所提供的資訊似乎也應該是可信的。（朱光潛回憶中提到的匡互生爲教務主任可能有誤，因爲實際上匡互生是訓育主任）然張林嵐似乎不是主「合」、主「分」之意見分歧時的在校學生，而朱光潛所說的一些細節與張林嵐所說的也不完全相同，如朱光潛說爭執的雙方是匡互生與校長，而張林嵐說爭執的雙方爲夏丏尊與校長。所以這個說法是否準確尚不敢定論，只是多少能夠說明一點問題：以夏丏尊爲代表的白馬湖作家與校長經亨頤先生之間總已有了這樣或那樣的矛盾衝突。

然而，從另一方面看，一些材料中所顯示的情形是，經亨頤校長主持春暉中學，以全副心力在白馬湖從事辦學的時間實際上只是在一九二二年前和一九二三年初。根據春暉中學的〈六十年來學校主要領導人一覽〉，經亨頤於一九二〇年一月至一九二二年十二月獨立擔任校長（春暉中學首屆學生則是在一九二二年九月入學的），而一九二三年一月至五月，校長由經亨頤、朱少卿兩人共同擔任；一九二三年六月至一九二七年七月，校長則由經亨頤和章育文共同擔任。那麼，經亨頤這位一向受人尊敬的校長何以不再獨掌春暉之領導大權呢？其實，經亨頤除了是一位教育家外，他還是一位著名的社會活動家，一九二四年一月，國民黨在廣州召開第一次代表大會，決定國共合作，經亨頤便乾脆留在廣州活動了一些時日。當時在校讀書的學生，後來成爲作家的黃源先生在〈「最使我感激、給我鼓勵」的老師匡互生〉一文中對此有所介紹：「但校內已有一股不協調的暗流潛在著，學生中也已感到教職員工中有保守和改革二股力量在接觸著。教師都是有眞才實學，對待學生，有一個共同的特點，不以訓斥而以感化爲主，頗受學生擁護。**校長經子淵不在校**（著重號爲引者所加——引者注），學校的行政實權卻落在一般正規的保守派手中，對學校的生動活潑的氣象時予衝擊。」黃源先生的介紹說明，經亨頤校長當時並不在學校。再回頭看他在廣州的活動，他又有不再獨自擔任校長的情況，估計他在那個時候實際在校主持日常工作的時間並不是很多。

大概也是由於上述原因，如今春暉中學校史中的記錄，並不把白馬湖作家們的對立面直接指向經亨頤，而是說：「當時，其間在教育思想上也不是沒有鬥爭的，如一九二四年間，就有人企圖以一套陳腐的封建倫理道德觀念來約束師生的言行，結果立即遭到以匡互生、夏丏尊、豐子愷、劉熏宇爲首的進步教師的激烈反對，並與之展開了多次針鋒相對的說理鬥爭。」

從以上諸種情況分析，經亨頤校長與白馬湖作家們在辦學理念上或多或少存在著一些分歧之處，比如朱自清所言就是例證。但實際在一九二四年的所謂「針鋒相對」衝突的雙方應該不會是白馬湖作家與經亨頤本人。春暉中學校史記錄總也應該有它的理由在裏面。或許是因爲情況比較複雜，姑且用進步與封建保守對立的提法比較含蓄些。更準確的史實澄清工作就有待於歷史的考察鑒別了。在此，筆者也只是把問題提出來，暫且也不作定論。

雖然主張改革的白馬湖作家人數也並不是很少，又深受學生的愛戴，但是他們並不掌握學校的行政大權，所以，他們越來越感覺到有「寄人籬下」的味道。這種「寄人籬下」的現實，使他們不可能爲實現他們的教育理想而再顯身手。終於，一場由學生引起的風波激發了他們離開白馬湖的決心，這位學生還是上面提到過的黃源。

當時的黃源是一個十七八歲的青年。一九二四年的暑期，他從南京的一所中學轉到白馬湖畔的春暉中學就讀。黃源之所以來到白馬湖，根據他自己的介紹，是因爲當時他受了五四運動以來新思想、新文學運動的啓蒙教育，偏愛文學。那個時候，南京雖然也是一個好地方，星期日的遊散之地很多，但是那裏是「學衡」派的大本營，復古氣氛很濃，新思想、新文化時常受到壓制，他所鍾愛的學科便也難以得到名師的指導。另一方面，由於黃源的家庭經濟比較困難，他自己知道難以正常地從中學再到大學深造，因此渴望接受名師指導的願望更加強烈。那一年的暑假，黃源在南京認識了一位曾在白馬湖讀過書的青年，此人從白馬湖轉到南京，而眼下又決定再從南京轉回白馬湖去。此人向黃源詳細介紹了白馬湖春暉中學的情況，加上黃源曾經看過春暉中學的校刊，印象很是不錯，料想那裏可能就是自己最理想的求學之地了。於是，他直接從南京到了白馬湖，第一個見到的就是夏丏尊先生。

根據黃源先生的回憶，他到白馬湖的時候，匡互生先生還沒有來到春暉中學，只是到了開學後的某一天，匡互生才出現在同學們的面前，而且是在飯堂裏一起吃晚飯的時候。匡互生與學生一起吃飯，這在學生中引起了很大的反響：「這確實是奇蹟。哪有先生和學生一起用餐的？匡先生和同學在學生食堂一起用餐，這事轟動了全校同學。師生間的一道鴻溝一下子衝破了！從此同學們也異樣地看待他，親切地靠攏他。」這是黃源在〈「最使我感激、給我鼓勵的」老師匡互生〉一文中說的。他還在這篇文章中介紹說，作為訓育主任，原以為他總是要訓人的——這是他的職責，但是匡互生從來不訓人。他心裏對匡互生的感覺是：「五四時代在火線上鬥爭的英雄氣概，在青年學生面前已化為慈母般的親切體貼。」這樣的一位先生，他在學生心目中的地位就可想而知了。

這年冬天，所謂的「氈帽事件」使春暉中學校園內已有的不協調的暗流終於化成了風波大浪。

一天清晨上早操的時候，黃源頭上戴了一頂連他自己也忘了從哪里買來的黑色氈帽（浙江紹興、上虞一帶頗為流行戴氈帽。黃源後來才知道這就是范愛農在辛亥革命後上魯迅家去，「戴著農夫常用的氈帽」。）出現在學校的操場上。他的這一舉動，在同學中並未引起好奇，可體育教師看到後，即怒斥，並勒令其將氈帽除去。於是，師生間便有了如下一段爭執：

「帶著並不妨害上早操。」黃源抗議道。

「我說不准戴就不准戴！」體育教師的口氣更加堅決。

「校章上並沒有規定學生不准戴氊帽上早操。」

「不管校章有沒有規定，在我的早操課上，就不准戴氊帽！」

這次爭執的結果，是學校當局要對黃源作記過或開除的處分。

在這種情況下，訓育主任匡互生站出來替黃源說話了，以爲學生行爲上的不愼，應該以教育爲主，不能簡單地用記過、開除一類的行政壓制手段。然而，學校行政決意要處分黃源。原已對此地抱失望態度的匡互生這時終於感到再沒有什麼理可跟這班人講了，於是憤然辭職。此後校園裏的空氣頓然緊張起來，學生罷課，教師辭職，春暉已非昔日的春暉；白馬湖也非昔日的白馬湖了。

匡互生先生的憤然辭職，在春暉中學掀起了軒然大波，給了師生們很大的震動。黃源回憶道：「全校師生挽留不住，匡先生走出校門，沿著湖邊煤屑路前往驛亭火車站，同學們緊跟在他身後揮淚送行。群情激憤，送行回校後，不知誰宣佈罷課，學校當局也立即採取對策，宣佈提前放假，師生陸續離校了。」

也有人介紹匡互生是與豐子愷一起離開的。當時的學生魏風江在〈從春暉中學到立達學園的匡互生先生〉一文中描述說：「在一個曉風殘月的早晨，匡先生豐先生等幾位突然離去的老師們，帶著不多的幾件行李，在驛亭火車站上侯車，幾個最先獲知先生們去意而來送別的學生，依依地立在老師身邊，有兩三個靠在樹下嗚咽起來。火車帶著老師們離站好久以後，學生們還在車站黯然站著，不肯離去。」

還有一說，說是匡互生是與朱光潛一起走的。提供這一訊息的就是朱光潛本人。他在〈回憶上海立達學園和開明書店〉一文中說：「匡互生就憤而辭去教務主任職，掀起了一場風潮。我對匡互生深表同情，就跟他採取毅然決然的態度，離開春暉中學跑到上海另謀出路。離白馬湖時有一批同情我們的學生到車站挽留我們，挽留不住，就跟我們一同跑到上海。」

最早離去的是哪幾個人並不很重要，實際情況是這回提前放假後，不僅匡互生，像夏丏尊、豐子愷、朱光潛、劉熏宇等都離開了白馬湖。朱自清在那裏續任了半年。他曾給俞平伯寫信說：「春暉鬧了風潮，我們旁皇了多日，現在總算暫告結束了。經過的情形極繁，詳說殊無謂。約略言之：學生反對教務主任而罷課，學校提前放假，當局開除學生廿八人，我們反對而辭職；結果我仍被留在此，夏先生專任甬事，豐子愷改任上海藝術師範大學事。此後事甚乏味。半年後仍須一走。」同一封信中又說：「我頗想脫離教育界，在商務覓一事，不知如何？也想到北京去，因從前在北京實在太苦了，眞是白白住了那些年，很想再去仔細領略一回。如有相當機會，尚乞為我留意。」暑假後，即一九二五年八月由俞平伯推薦，朱自清往北京清華大學任中文系教授，一九二七年一月，他又把滯留在白馬湖的眷屬接到了北京。

以上經常引用朱自清在〈教育家的夏丏尊先生〉一文中的一句話，即他開宗明義地向讀者作了介紹：「夏丏尊先生是一位理想家。他有高遠的理想，可並不是空想。他少年時傾向無政府主義，一度想和幾個朋友組織新村，自耕自食，但是沒有實現。」到了白馬湖時期，他雖然和朱自清一樣是一位國文教師，但由於夏丏尊當時的感召力，校長經亨頤先生實際上把許多重要的校務均交給了他。在如今這英雄的用武之地，夏丏尊當然要為實現自己的教育理想而不懈地努力。在他當時的言行中，雖沒有明白地提出「新村」一詞，但其實質，無疑與「新村」理想合拍。他在〈春暉的使命〉中提醒大家：「你是生在鄉間的，鄉村運動，不是你本地風光的責任嗎？」在這篇文章裏他所謂的「鄉村運動」除了沒有提自耕自食的新村理想的主要內容外，在其他方面，如幫助不識字的鄉民認字、在別的公立學校風潮迭起、醜穢得不可向邇的時候豎起眞正的純正教育大旗、文理農、師範並重、男女同校、以精神力量戰勝物質困頓等等，都反映了他理想化的新村思想理念。

這種理念在訓育主任匡互生身上可謂根深蒂固。匡互生早在湖南第一師範時就任教務主任，改革教育的設想早已有之，當他發現未能在那裏施展身手時，他就離開長沙，先後在杭州、宜興進行新村運動實驗，他的試驗，似乎很有章法，他創設了「生社」，先在杭州上籜埠，繼之又在宜興湊家塘，但他力量有限，終因資金短缺而中止。如今他來到了白馬湖，與曾在湖南第一師範任教且情投意合的夏丏尊共事，他當然也不會放過再一次作新村實驗的機會。他提出的教育目標是：學校必須把勞心勞力結合起來，把學生培養成具有遠大理想、高尚品德、豐富的科學知識以及具備生產勞動技術才能，具有良好體魄的人。

夏丏尊和匡互生是實際主管校務和訓育的兩員主將，但他們的教育主張的側重面似乎與校長經亨頤有相異之處。比如，經亨頤的思路是更偏重培養學生的進取精神，他不止一次地表示過這樣一層意思：「本校處山清水秀之中，環境非常靜寞，當時擇定地點，我就有一種過慮，青年在此清幽環境之中，難免有頽唐的趨向！」鑒於這種觀念上的微妙差別，致使夏丏尊、匡互生等不便對新村思想作更明瞭深入的闡述。但是，外來作演講的學者就沒有這種顧慮了，比如吳覺農，他在題爲〈對於春暉中學的幾個希望〉的演講中幾乎把夏丏尊、匡互生二人所想而不便明講的話和盤托了出來。他對學校的希望是：

1. 造林。……大大能夠購山造林，不但使白馬湖的水色比今日澄明清潔，且一二十年後，可充學校的基金……使一二十年以後，春暉的弟子、白馬湖的森林，都能爲社會需用。故第一希望造林，不要僅限於學校的周圍，與行道樹爲止。

2.牧畜與養魚。春暉中學離市較遠，蔬菜的供給已感困苦，而動物的食品，更覺爲難……如果能於校旁隙地，養雞數百隻，則雞卵供給就很裕如了……春暉如能夠用優良乳牛數頭，小之可以供給校内的需用，大之可以分配種牛於鄉間……如能養魚數十萬尾，則課伴之暇，湖濱垂釣，打泉捕魚，一校數百人，不患食無魚了，其餘如羊、豚、鵝、鴨，都可隨時豢養。

3.模範的種植……春暉校可租地數畝，採良種，用新法，施肥料，辨土宜，栽培主要農作物三五畝，如果得法，不難使農夫爭先效法，栽植果木瓜果蔬菜……也能供給不少的食用。

4.試辦農民銀行……春暉中學既有存款，我想不妨擴出三五千元來，試辦一個農民銀行，在校裏的收入無損，而附近的農民能夠以低利來融通資金，不知受福多少啊！

5.對於農民的教養……春暉中學的師生們於成立之初，就能夠辦農民夜校……識字固然是教養之初基，但我更希望春暉的師生們能夠對於農業技術的改革、農民生活的改造格外留意一下……

這就像是一張新村運動在春暉中學具體實施的清單。吳覺農（一八九七——一九八九）原名榮堂，浙江上虞人。一九一七年畢業於浙江農業專科學校，同年赴日本留學，入農林水產省茶業試驗場研究茶葉。一九二二年回國。吳覺農回國後，適逢春暉中學興辦之初，作爲上虞縣同鄉，他應邀到白馬湖考察講學過，而他的這篇演講稿，當成於這次考察之後，可以看得出來，他的教育思想與夏丏尊等人相近，且把新村思想中「自耕」的一面作了重點強調。

同人們相繼離開白馬湖，但他們並沒有就此而星散。他們先後來到上海，與最早到達這裏的匡互生會合，在虹口老靶子路租用民房，於一九二五年春辦起了「立達中學」。後因房租太貴又遷至小西門黃家闕路。同年夏，學校在江灣覓得一塊荒地新建校舍，校舍建成後即改名叫「立達學園」。這「立達」二字，取義《論語》中的「己欲立而立人，己欲達而達人」之句。

立達學園成立後不久，還成立了「立達學會」。在匡互生的授意下，朱光潛執筆撰寫了一份「立達宣言」，公開提出教育獨立的主張，而之所以稱「學園」，是表示他們的「學園」不同於一般的學校。它既能令人聯想到古希臘「柏拉圖學園」的自由討論風氣，又包涵把青年當作幼苗來培育的更爲切實的積極意義。由此可見，匡互生等辦立達學園，目的是繼續他們在白馬湖的理想。這種承前啓後的聯繫，從學園的教師、學生的情況來看也一目了然。因爲創建學園的就是白馬湖作家，而學生中也有許多是從白馬湖趕來加入的，其中包括黃源、魏風江等。

從此，上海的文化教育界就出現了這樣一批開明的立達派。

歷史的經驗使夏丏尊等人清醒地意識到，要實現自己的理想就必須走一條自己開創的道路。匡互生在總結以往的經驗教訓時對此作了歸納，他以爲：以往的公立或私立學校，校長大半不是純粹爲教育而辦教育的，教師受校長之聘，完全處於賓客的地位，談不上是學校的主人；學校內部，自校長到教員，或無自己的主張，或主張意見有相當的分歧；所謂的官廳或校董往往不但無輔助作用，而且還有妨礙。所以，要實現自己的理想教育，如果不是在自己創辦的學校中，那就絕對沒有實現的可能。否則，必定出現一種十分痛苦尷尬的局面：「如果要堅持呢，必不見容於學校；如果默爾不言呢，良心又不允許他……」

從春暉中學撤出的白馬湖的作家朋友們終於下決心要找一塊園地來供自己自由地耕耘，即使未必能開出鮮豔奪目的花朵，結出甜蜜碩大的果實，但比較起下種在別人的田園裏，聽任幼苗因外部原因而萎頓，內心可以安慰些。

於是，立達中學就辦起來了，它既不是受了官廳的委派，也不是受了某些私人的資助，而完全是當事人因了自己的意志，爲滿足自己的要求而作的努力。

當然，憑藉幾位清貧的教師的力量來建校，這實在是難爲他們了。他們爲了籌款也曾往北京、南京跑，但最主要的還得靠他們自己。比如豐子愷，他賣去了白馬湖畔的「小楊柳屋」，所得七百餘元，別的同道又湊合了數百元錢，一共一千餘元就在虹口老靶子路的租屋上面掛起了「立達中學」的牌子。這所謂的「中學」，其實只有兩三張板桌和幾張長凳。他們沒有電燈，就用火油燈……他們如此不辭艱辛，終於還是因房租太貴而遷至小西門黃家闕路。那麼此地的情況如何呢？豐子愷說：「在那裏房租便宜得多，但房子也破舊得多。樓下吃飯的時候，常有灰塵或水滴從樓板上落在菜碗裏。亭子間下面的竈間，是匡先生的辦公處兼臥室。教室與走道沒有間隔，陶先生去買了幾條白布來掛上，當作板壁。」

一九二五年夏，立達同人在江灣自建校舍，並改名爲「立達學園」。建校費用需要三萬元，他們便把尚未建成的校舍先抵押出去，得一萬五千元，大家再設法籌借了另一半的費用。爲了還債，每位教師不論薪水多少，每月一律支二十元，如此過了好幾年，才把債務還清。

這種精神自然是會感動人的，就連當時同在立達教書的趙景深先生也爲之感動了。他有一段回憶，多少也能透露一點當時的訊息：「我們同在立達學園教書。劉熏宇本來是教數學的，好象也教一班國文；《文章作法》大約是在這時編成的，立達學園是一所特殊的學校，名稱就特別，稱爲學園，不稱學校。這是一般熱心教育的人辦的，要造成一個理想的學校，所以許多教員都在別的學校兼課，不但不受立達的錢，反而『倒貼』錢給學校，例如匡互生賣掉他的田地，豐子愷賣掉他的房屋，這種精神極可欽佩。師生住同樣的寄宿舍，同桌吃同樣的飯菜，這也是他處所沒有的。」

立達同人如此艱辛辦學，他們自然是爲了實現自己的教育理想。關於立達的旨趣，《立達半月刊》中是這樣提的：

……我們的學校純粹由同志的教師、信仰的學生組成，一方面要具有社會的組織和互助的生活，一方面要充滿了家庭的親愛，大家都欣合無間，極力由敬愛而發生人格感化。

……我們師生大家都極力以至誠相見，免除一切虛僞的態度，所以立達的師生所得到深刻的印象，就是誠懇的態度。

……所以立達的師生要極力培養犧牲的精神，大家都能拋棄身家，爲人群謀幸福。人類最高貴的一點靈光，就是排除一切障礙而求實現理想的一種毅力。這種毅力要用刻苦耐勞去培養。我們立達的師生，一方面要極力過儉樸的生活，使精神不易爲物質欲所屈服，一方面要實行勞動，每日若干時間，到工場農場去作工。

……所以我們立達的師生，對於學問方面，不純是記憶書本知識，要能在課本外自由研究，獨立思想，以求養成科學的頭腦。

……我們堅信意志能夠征服一切，我們十分堅信，我國民族是能夠以少數轉移多數的，改變風氣，不是一回難事。

至於立達的宗旨，是用四句話概括的：「修養健全人格，實行互助生活，以改造社會，促進文化。」《立達半月刊》中說：

所謂改造社會，促進文化，這是我們的同學將來應當擔負的一個重大的擔子……要擔負這般重大的擔子，不是容易的，先要問自己力量勝任不勝任，所以第一步工夫在修養健全人格，同時從互助的生活中認識社會生活的重要，並且從裏面發揮個人對於群眾的同情心和責任心。

……四句宗旨，如果把各句一比較，修養健全人格，是偏於個人方面，也可說是立己的事；實行互助生活，是偏於社會方面，又可說是立人達人的事；……修養健全人格，實行互助生活，是立達的根基；改造社會，促進文化，是立達的結果。總之這四句宗旨，都是互有關連而且互相聯貫，我們不能把他割裂開來的。綜合這幾句話，於是成爲一個人；成爲一立達的人。

立達的制度也與衆不同。這裏沒有校長，也不設主任等職，而是實行「教導合一」制；這裏的學生，男女同學互相尊重，學習刻苦努力，其興趣也十分廣泛。關於立達的組織制度在後來「立達學會」成立以後有過較爲明確的規定，這便是：導師由「立達學會」推舉五人擔任，任期爲五年。其責任是指導學生的全部生活，協同學會規劃學校的各項發展事宜，其中推舉一人爲對外代表。教師由導師會延聘，教師負責訓導學生、教授學生。職員由導師會延聘，幫助導師、教師處理各種事務。這種制度雖然並不十分完善，但因爲沒有大權獨攬的校長的存在，也不妨礙個人負責的盡力發揮，他們所最擔心的所謂「被牽制的痛苦」也就不復存在了。

也許是他們對白馬湖上的風波仍記憶猶新，所以他們特意在立達的章程上對訓育一條有了明確的規定，即：對於學生的操行，注重人格感化。凡形式上的獎懲，繁瑣的規則一概不用。這可以說是全體立達導師、教師的一致主張。學校成立以後，每個導師和每個教師都能夠自覺地按照這項規定行事。幾個月下來，學生中居然也沒有發生什麼無意識和不道德的行爲。

有一個事例很可以說明立達學生的品行。比如學校裏有一個圖書館，雖然不大，只有二三千種圖書，但價值也在二三千元以上。學生要借書時，可以到學校去領取鑰匙，盡可以自己到圖書館裏去取、自己登記，同樣也是由自己去交還。一段時間下來，圖書館居然沒有遺失什麼書籍。誠然，立達的一大特色還在於注重藝術教育和勞動教育。

提倡藝術教育當然得力於立達同人對於藝術教育的重視。當時他們深感中國藝術界的幼稚，很想在立達這一塊園地上作一番藝術的耕耘，這跟「學園」這個詞也十分吻合。其實，「立達中學」之所以要改名為「立達學園」，這跟該校重視藝術教育有著直接的關係。立達同人中不乏研究藝術的人才。他們覺得時下中國的藝術教育已走向了歧途，以為中國的藝術教育往往免不了商業化的教育，只是借藝術教育之名，來遮掩唯利是圖的市儈手腕。所以，他們迫切希望看到能在自己的學校裏闢一塊園地，來從事眞正的藝術教育，設立藝術科就是他們的一個設想。於是，把校名改成「立達學園」就這麼定下來了。他們認為這樣一改還能夠表示教育的眞正意義。因為教育的眞正意義是引發而不是模造，教育者的責任，是要使被教育者在能夠自由發展的環境中發展，這正像園藝家培養花木一樣。故此，匡互生說：「無論教育者，被教育者，大家都把學校看做『美的世界』，看做『藝術的宮殿』，都感著生的趣味，大家在那裏，無論做什麼事，都不是為什麼權利義務的壓迫而做，也不是為什麼實際的利益而做，只是因為覺得非如此做不快活，只是覺得非如是做不得安慰自己。我們希望教育者有眞正的園藝家一樣的趣味，所以叫學校做學園，凡是花園，又是極廣大極自由的。其中各種形形色色的花草，無論是大的小的紅的白的本國的外國的，都可兼收並容，各自發展，學校培養人才，也該和這一樣，不能拘於一格的。」他認為人的天性不同，教育者決不能以一種主張來要求被教育者，否則的話，被教育者非但不能自由的發展，甚至還可能有因受壓抑而致傷的危險。在立達學園成立的一開始，學校就設立了藝術專門部的西洋畫科、圖案科，爲普及藝術起見，學校還計劃設立藝術室，供學生參觀，並舉行自己的作品展覽會。白馬湖作家在立達學園的藝術教育中起到了主導作用。豐子愷一直是該校的藝術教師，朱光潛雖然在立達中學成立不久後去了英國留學，但他仍定時將自己對青年的談美文章寄回來在立達的刊物上發表。

當然，學校改名爲「立達學園」還有教育與勞動相結合的用意。白馬湖作家們的頭腦中的新村意識究竟有多少含義值得進一步研究，但是「自耕自食」這一點總算在立達學園得到了嘗試。一九二九年，立達設立了農村教育科，提倡勤工儉學。他們耕地、養魚、養雞、種植蔬菜花卉，還養蜂，其農場十分之大。可貴的是，立達所提倡的勞動，並不是單純爲了勞動而勞動，他們是要通過勞動，培養學生刻苦耐勞的習慣，並在勞動中領略創造的快慰。這正像匡互生說的那樣：從養蜂中體會「信仰科學」、「細心」、「有恒」的生活；從園藝中體會「生機」、「生趣」，「認識自然力量的偉大」，「同情農民的窘困的生活」。這種教育意義當然是與一般生產教育是不同的。「立達學園」的農村教育科有一首「科歌」，此歌由馬思聰作曲，陳范宇作詞，歌詞是這樣的：「青年，青年，我們是青年農人的先鋒。到農村去，共同生產，豐富社會享用。到農村去，幫助成人，教育青年兒童。到農村去，努力合作，剷除一切苦痛。到農村去，創造萬人福利，用我們的全力，擊起農村改造的洪鐘。」

立達學園的陣容十分強大，除了匡互生、夏丏尊、豐子愷、朱光潛、劉熏宇、劉叔琴等之外，還有方光燾、陶元慶、夏衍、陳望道、許杰、裘夢痕、陶載良、黃涵秋、丁衍庸等一大批文化名流。再說「立達學會」。立達學會由夏丏尊、鄭振鐸、沈雁冰、朱自清、匡互生、葉聖陶、周穀城等五十七位社會名流組成。這樣既團結了社會上支援和同情他們的人，又擴大了學園的影響，提高了社會知名度。

立達學會是以修養人格，研究學術，發展教育，改造社會爲宗旨而成立的。按照匡互生的說法，凡是輕視學術，否認人格，反對改革教育的，學會都是堅決反對的。他相信，現在的時代，是群集的時代，是多衆的時代，無論什麼樣的事業，僅靠一兩個人的努力，不論他是何樣的英豪聖傑，如果沒有群衆的協作是做不成任何事情的。魯迅也十分關心立達學園。一九二七年秋，他曾應邀到學園裏來講學，並參觀過立達學園的繪畫展覽。

夏丏尊並不是立達學園初創時期的主要參與者。一九二六年，他曾有幾個月是在白馬湖過著「長閑」的生活。那時，他希望能憑藉可支援半年生活的積蓄在自己的平屋裏從事寫作翻譯工作。他有一篇〈長閑〉，記述了當時的一些情況：「三個月來，書齋是打疊得很停當了，房子是裝飾得很妥貼了，有可愛的盆栽，有安適的幾案，日日想執筆，刻刻想執筆，終於無所成就。雖著手過若干短篇，自己也不滿意，都是半途輟筆，或憤憤地撕碎了投入紙簍裏。所有時間都消磨在風景的留戀上。在他，朝日果然好看，夕陽也好看，新月是嫵媚，滿月是清澈，風來不禁傾耳到屋後的松籟，雨霽不禁放眼到牆外的山光，一切的一切，都把他牢牢地捉住了。」葉聖陶曾評價說：「〈長閑〉是自己攝了日常生活的一張極好的照片，我最喜愛丏尊的這一篇。他住白馬湖的那些日子，大致就是這樣。」夏丏尊有「長閑」看風景的雅趣，朋友也羨慕他的那種生活。但是他畢竟不可能如此在寧靜的湖光山色裏做隱士的。就在這個時候，立達學園在朋友們的張羅下火熱的開張了，他豈能游離事外。所以，他很快就匯入了立達同人的隊伍中去了。

到了「立達」時期，同人們在經歷了艱苦的建校工作之後，隨著「立達學會」的成立，一九二六年九月《一般》月刊又宣告誕生。這份刊物的主要撰稿人又是夏丏尊、朱自清、葉聖陶、豐子愷等。前面已經說過，朱光潛不久後去了英國，但他仍把在英國所寫的《給青年的十二封信》寄回發表在《一般》上。夏丏尊在介紹《一般》的宗旨和朱光潛的這一組文章時是這樣說的：「《一般》的目的原想以一般人爲對象，從實際生活出發來介紹些學術思想。數年以來，同人都曾依了這目標分頭努力。可是如今看來，最好的收穫第一要算這十二封信。」朱光潛的《給青年的十二封信》以中學程度的青年爲對象，均以青年們所正在關心或應該關心的事項爲話題，其著眼點是提醒青年眼光要深沈、遠大，爲人要踏實，切勿隨俗以圖近利。他談讀書，談作文，談社會活動，談升學，談戀愛問題，可謂語重心長，深受青年學生的歡迎。

夏丏尊在一九二六年應老朋友陳望道之邀曾兼任復旦大學國文教授，前後兩個學期。

第十二章　開明書店

《一般》誕生的前一個月，也就是一九二六年八月，中國現代出版業中問世了一家久負盛名的進步出版社——開明書店。這裏實可謂是夏丏尊大顯身手的地方！

開明書店位於上海寶山路寶山里六十號，由章錫琛、章錫珊兄弟倆創辦。章錫琛，字雪村，一八八九年四月二十四日生於浙江省會稽（今紹興）縣馬山鄉。五歲入私塾，後進紹興通藝學堂、山會簡易師範和東文傳習所等學校。曾任塾師、小學教師和師範教師。一九一二年一月至上海，進商務印書館編譯所任《東方雜誌》編輯，一九二一年一月任《婦女雜誌》主編。

章錫琛在《婦女雜誌》任主編，因其辦刊思想與傳統的封建衛道士們相悖，被總編輯免了職。這前後大概的情況是，一九二五年一月，《婦女雜誌》刊出了「新性道德專號」，發表了幾篇有關這方面的文章。文章發表後即引起一場辯論。接著，這一年五月，上海發生一五卅慘案」，章錫琛又以「婦女問題研究會」的名義參加「上海學術團體對外聯合會」，聲援群衆運動。這一系列的事件，引起了本來就對章錫琛不滿的商務編譯所所長的不滿，便以審查刊物爲名無理干涉章錫琛的編輯工作，致使章錫琛被迫提出辭職以示抗議，並於八月底脫離《婦女雜誌》，同年十二月底又被商務當局藉故辭退。章錫琛去職以後，鄭振鐸等曾著文爲他打抱不平，並力主章氏另創辦刊物，以示抗議。隨後，章錫琛果然又創辦了《新女性》，於一九二六年一月出版了第一期，後又在衆多進步人士的支援下，他乾脆成立了一個出版社——開明書店。

關於開明書店的宗旨，葉聖陶爲此作過詳細的說明：「辦書店原有各種做法。兼收並蓄，無所不包，是一種做法；規定範圍，不出限度，是一種做法；漫無標的，唯利是圖，又是一種做法；前一種做法需要大力量，不但財力要大，知力也要大，我們擔當不了。後一種呢，與我們意趣不相容，當然不取。與我們相宜的只有中間一種，就是規定範圍的作法。我們把我們的讀者群規定爲中等教育程度的青年，出版一些書刊，絕大部分是存心奉獻給他們的。這與我們的學識修養和教育見解都有關係。我們自問並無專家之學，不過有些夠得上水準的常識，編選些普通書刊，似乎能勝任愉快。這是一層。我們看出現在的教育繼承著傳統舊教育的傳統，而新教育承著舊教育的傳統是沒有效果的。我們也知道教育不是孤立的事項，要改革教育必須其他種種方面都改革，但是改革教育的意識不能不從早喚起，改革教育的工具不能不從早準備，這又是一層。」

孫起孟先生曾在〈開明氣息〉一文中也概括了三點「開明氣息」，這就是：

一、不迷信「本本」和「長上」，思路比較寬廣；

二、不隨大流起哄，不務虛名，孜孜不倦地致力於一些自己能辦到的有益於群眾的事情；

三、在組織上有一批氣味相投的核心人物，但又沒有門户之見和宗派作風，廣交朋友，廣結善緣。

開明書店實際承擔著鄭振鐸主編的《文學周報》、夏丏尊主編的《一般》的發行工作，而它出版的書籍也十分之多。這家書店出版的圖書影響十分大。比如豐子愷的《子愷漫畫》（文學周報社出版後又以開明書店的名義出版）成了豐子愷藝術生涯中有里程碑意義的作品；葉聖陶的童話《稻草人》、《古代英雄的石像》等成了中國現代童話的代表之作；豐子愷、弘一大師的《護生畫集》成了中國現代佛教藝術的傳世之作；朱光潛的《給青年的十二封信》感染了無數青年學子，而《開明活頁文選》一炮打響後，由劉熏宇等編纂的《開明算學教本》和由豐子愷插圖、林語堂編纂的《開明英文讀本》幾乎成了社會上最為暢銷的書籍之一。

開明書店於一九二八年由夏丏尊、豐子愷、劉叔琴等人發起，改組爲股份有限公司，此後發行所也由寶山路搬到望平路，繼遷福州路，其門面擴大，規模可觀。夏丏尊成了書店編輯所的所長，而主持編輯工作的是葉聖陶等人，豐子愷及其學生錢君匋則是開明書店書籍的主要裝幀設計者。

一九三〇年，在夏丏尊的努力下，又一份以學生爲對象的《中學生》雜誌創刊了。夏丏尊爲主編之一，豐子愷是編輯之一，作者中，又以葉聖陶、豐子愷、朱自清、劉熏宇等爲主體。

在談到爲什麼不辨別的刊物而要辦《中學生》時，葉聖陶曾說：「由於我們不滿當前的學校教育。學生在學校裏，應該名副其實地受教育，可是看看實際情形，學生只得到些僵化的知識。僵化的知識可以作生活的點綴品，這也懂得一些，那也懂得一些，就可以擺起知識份子的架子來，但是，僵化的知識不能化爲好習慣，在生活上終身受用。」

夏丏尊也寫過〈受教育與受教材〉，闡明了這個道理。他們希望通過《中學生》，對學校教育的方向起到一種矯正作用。也就是在一九二九年，夏丏尊以所藏弘一大師在俗時所臨各種碑帖準備以《李息翁臨古法書》之名由上海開明書店發行。夏丏尊請弘一大師自己寫一篇序言，大師答應了，並表示一定在年內寫畢奉寄。

此後，開明書店又創刊一份重要的刊物《新少年》，仍由夏丏尊任社長，豐子愷、葉聖陶等爲編輯。曹聚仁在《我們的舍監夏丏尊先生》中曾就當時新起的三家書店作過比較。他認爲：「新起的三家書店，都有點書店老闆的性格：北新如李小峰先生之深沈，生活如鄒韜奮先生之活潑，開明如夏丏尊師之持重，再加上章錫琛先生之精明。生活以青年爲對象，開明則以學生爲對象；自開明書店登場，中國才有認眞爲學生著想的讀物，書店與其他買賣一樣，以營業謀利爲第一義，我們卻希望書業中人要『謀利不忘文化』。夏丏尊師做舍監，認眞管理一校的學生，做書店總編輯，慨然以全中國學生的知識爲己任，我說他即以開明書店爲名山事業，不算說錯吧？」

綜上所述，開明書店出版的書籍，在發行刊物方面可謂不遺餘力，其目的只有一個：向廣大青少年奉獻最精美的精神食糧。這就是他們的「開明風度」，此誠如葉聖陶在一九四六年爲紀念開明書店創辦二十周年時所寫的詩那樣：

書林張一軍，乃今二十歲；
欣茲初度辰，鏤金聯同輩。
開明夙有風，思不出其位；
樸實而無華，求進弗欲銳；

唯願文教敷，遑顧心力瘁？
此風永發揚，厥績宜炳蔚。
以是交勉焉，各致功一簣。
堂堂開明人，俯仰兩無愧。

一九二八年初，夏丏尊辭去了立達學園的國文教師之職，改任開明書店的總編輯。在那個時候的中國新文學界，夏丏尊是一位前輩人物，當時除了魯迅、周作人等以外，幾乎還沒有年齡比他大的，再加上他的爲人，他在同人中是很受到尊重的。

夏丏尊在新成立的暨南大學當過一學期的中國文學系主任。他在這所學校的時間雖短，但留給人們的印象卻很深。他當年的學生譚其驤曾在〈我與暨南〉一文中說：「秋季開學的第一學期，系主任是夏丏尊先生，他自己教大一國文，余上沅教大一英文，沈端先（夏衍）教第二外語日文，還有林語堂先生等，過年第二學期開學，系主任換了陳鍾凡先生，教師也換了好幾個，大致可以說第一學期的教師都趨向於新文學，第二學期的都崇尚舊文學。我很尊仰愛慕夏先生，不喜歡第二學期那些守舊派老師……一年級第一學期，夏丏尊先生還曾帶我們一班同學上市內一家飯館，謁見魯迅先生，一起聚餐……夏先生第一次上課，首先申明他的名字是丏尊，不是丐尊，丏讀緬，意思是被遮蔽，看不見。」

夏丏尊受到學生的愛戴，但他的興趣，顯然還是以教中學、編刊物比教大學來得濃厚。徐調孚先生曾將夏丏尊的一生分成三個時期：二十一歲以前爲學生時期；二十一歲至四十一歲爲教師時期；四十一歲以後爲編輯時期。當然，這只是一個大概的分期，但基本上反映了夏丏尊的人生走向，而這三個時期都與學生發生關係。

大約是在一九二九年，夏丏尊還應教育部之請，參加了小學國語課程的修訂。夏丏尊在語文教學上的業績得到了社會的公認。趙景深先生曾在〈文人印象〉一文中說：「學術的價值該以大多數人的需要爲判斷吧？我近六年來專門研究中國的小說和戲曲，予同和高誼都說是鑽牛角尖，這話眞是不錯的。像丏尊、聖陶那樣，除了創作外，就專門致力於文法和作文法，給了中學生作文和閱讀時的許多便利，可說是一種切近實際的工作。夏氏所著如《文章作法》，如《國文百八課》的文法部分，如《文心》的一部分，都顯示出他的致力所在。今後我雖對於舊情仍戀戀不忘，卻要跟隨夏、葉之後，盡心盡力地追逐我的新歡了。」

夏丏尊與開明書店的同事們相處得十分融洽。有一個「開明酒會」的故事多少可以說明他們那時的生活情趣。夏丏尊是每天都要喝酒的。早在春暉中學任教時，他與朋友們就在酒中領取了不少樂趣。對於朋友們在春暉中學任教時期的喝酒，朱光潛在接受訪談時還有進一步的介紹，他說：

……除了夏丏尊先生年歲稍大些外，我們都是二十幾歲的人。他們在白馬湖有家室的都在湖邊蓋了日本式的小平房。小屋都是分散的，但相隔沒有多少路。我與朱自清先生是單身，住宿舍，兩人住在一個樓上。夏先生、豐先生他們常邀大家喝酒談天。我們都能喝酒。我與朱自清先生總是被人邀請的。當時大家相處得很愉快。

上虞離紹興很近，他們喝的當然是紹興黃酒。但白馬湖畢竟屬於鄉間，品牌上等的黃酒是難覓的。所以，朱光潛還特意提到：「在白馬湖時候，我曾與夏丏尊、豐子愷先生一起到杭州去遊西湖，在碧梧軒品嘗過該店著名的老黃酒。」這批可愛的作家朋友喝紹興酒居然喝出了癮。朱光潛曾說他們在立達學園時期仍在窘迫的生活境遇中聚會喝酒。而到了開明書店時期，這群作家索性成立了一個「開明酒會」。這個酒會對吸收會員有一個特殊的規定，即一次要能喝五斤紹興加飯酒。結果，夏丏尊、豐子愷、葉聖陶、鄭振鐸、章錫琛等全部入選。

這個酒會每周舉行一次，許多重要的組稿活動和雅談趣事均發生在酒會上。有一次，豐子愷的學生，書籍裝幀家錢君匋問夏丏尊關於酒會的情況，夏丏尊說：能喝五斤「加飯酒」便可。於是，開明書店老闆章錫琛便銜著香煙道：「君匋只能喝三斤半，加入酒會還要先鍛煉鍛煉。」夏丏尊畢竟仁慈，他接過話題：「君匋如果要加入酒會，尺度可以放鬆一些，打個七折吧！」最後，酒會破例接收錢君匋。第一次，錢君匋勉強喝了四斤，可後來，他居然能毫不費勁地喝五斤了。據他回憶：「我們喝酒時並不互相斟酒，每人半斤一壺，自斟自飲，有十把半斤壺翻倒在桌上，就算是飲足五斤了。」當時，章錫琛知道茅盾能背《紅樓夢》，鄭振鐸不信，結果二人打賭，茅盾果眞當衆表演，令鄭氏目瞪口呆。這一幕，也發生在酒會上。「開明酒會」成立的時候，朱自淸已在北京，朱光潛則已去了歐洲。料想，他們對這酒會是要羨慕之極的。

夏丏尊的喝酒是從小就學會的。他喝酒的本領很好，吃得出這是什麼酒。他每天一定是要喝酒的，如果哪一天因爲何種原因而無酒可喝，他就會莫名地發火，而高興的時候，會用他那粗高的聲調吟唱起來，並且還要叫他家的孩子們同唱。

喝酒是他們作家藝術家之間經常取樂之事，但在這期間，夏丏尊也是要受到弘一大師禪佛的熏染的。這一年的秋後，弘一大師要離開白馬湖到溫州去。臨行前，夏丏尊邀請他乘一小舟遊覽白馬湖風景。

天氣很好，可謂秋高氣爽。

他倆在船中閒談，話題觸及明代高僧蕅益大師。夏丏尊知道，弘一大師在當代僧人中最推崇印光大師，而之於前代，則最欽服蕅益大師。夏丏尊自己也讀過蕅益大師的著作，據說他二十幾歲以前原是一個竭力謗佛的儒者，後來發心重注《論語》，注至〈顏淵問仁〉一章，再也不能下筆，於是就出家了。

「《四書蕅益解》前幾個月已經出版了。有人送我一部，我也曾快讀過一次。」弘一大師說。

夏丏尊想到注《論語》的事，就好奇地問：

「蕅益的出家，據說就是為了注『四書』，他注到〈顏淵問仁〉一章時據說不能下筆，這才出家的，《四書蕅益解》不知對〈顏淵問仁〉注什麼話呢？我倒想看看。」

「我曾翻過一翻，似乎還記得個大概。」大師說。

「大意如何？」夏丏尊急於想知道。

這時弘一大師笑了，問：

「你近來怎樣？還是惟心淨土嗎？」

夏丏尊不敢說什麼，只是點頭。弘一大師微笑著說：

「〈顏淵問仁〉一章，可分兩解看。孔子對顏淵說：『克己復禮』。只要『克己復禮』本來具有的，不必外求為仁。就是說『仁』是就夠了，和你所見到的惟心淨土說一樣。但是顏淵還要『請問其目』，孔子告訴他『非禮勿視，非禮勿聽，非禮勿言，非禮勿動』，這是實行的專案。『克己復禮』是理，『非禮勿視』等等是事。所以顏回下面有『請事斯語矣』

的話。理是可以頓悟的，事非腳踏實地去做不行。理和事相應，才是眞實工夫，事理本來是不二的。——蕅益注〈顏淵問仁〉章大概如此吧，我恍惚記得是如此。」

「啊，原來如此。既然書已經出版了，我想去買來看看。」夏丏尊聽了弘一大師之言，似乎深信不疑。

「不必去買了，我此次到溫州去，就把我那部寄給你吧。」

弘一大師離開白馬湖不到一個星期，他就把《四書蕅益解》寄來了，書的封面上用端正的楷書寫著「寄贈丏尊居士」。

夏丏尊迫不及待地去翻〈顏淵問仁〉一章，翻到後一看大吃一驚。原來蕅益大師在這一章裏只在「回雖不敏，請事斯語矣」下面注著「僧再拜」三字，其餘只錄白文，並沒有說什麼，出家前不能下筆的地方，出家後也似乎仍是不能下筆。所謂「事理不二」等等的說法，原來全是弘一大師針對了夏丏尊自己的病根臨時爲他編出的「講義」！

大師的禪趣委實讓夏丏尊歎服。

弘一大師出家後，屢屢勸導夏丏尊歸心向佛。而夏丏尊自己的感觸則是：「佛學於我向有興味，可是信仰的根基迄今遠沒有建築成就。平日對於說理的經典，有時感到融會貫通之樂，至於實行修持，未能一一遵行。例如說，我也相信惟心淨土，可是對於西方的種種客觀的莊嚴尚未能深信。我也相信因果報應是有的，但對於修道者所宣傳的隔世的奇異的果報，還認爲近於迷信。」

像夏丏尊所說的這些事，早在弘一大師初出家的時候，他倆曾經一起討論過。當時弘一大師提醒他過於執著於「理」而忽視了「事」。爲他解說過「事理不二」的法門。但是後來夏丏尊依照弘一大師的指教研讀了幾部經書後，還是覺得格格不入。這就難怪弘一大師要用禪機來開導他了。弘一大師的誘導在夏丏尊來說是終身難忘的。幾年以後，夏丏尊寫了一篇文章來記述此事，文章的題目居然就是〈我的畏友弘一和尚〉。

弘一大師後來終於寫了《李息翁臨古法書》的序言。序言寫道：「居俗之日，嘗好臨寫碑帖，積久盈尺，藏於丏尊居士小梅花屋，十數年矣。邇者居士選輯一帙，將以鋟版示諸學者，請余爲文冠之卷首。夫耽樂書術，增長放逸，佛所深誡。然研習之者能盡其美，以是書寫佛典，流傳於世，令諸衆生歡喜受持，自利利他，同趨佛道，非無益矣。冀後之覽者，咸會斯旨，乃不負居士倡布之善意耳。」

實際上，此文也很可以爲人們理解弘一大師出家後熱衷於書法的原因。

夏丏尊則有一篇〈《李息翁臨古法書》跋〉。跋文寫道：弘一大師「才華蓋代，文學演劇音樂書畫靡不精。而書名尤藉甚，胎息六朝，別具一格。雖片紙，人亦視如瑰寶。居常雞鳴而起，執筆臨池。碑版過眼便能神似。所窺涉者甚廣，尤致力於〈天發神讖〉〈張猛龍〉及魏齊造像，摹寫皆不下百餘通焉。與余交久，樂為余作書，以余之酷嗜其書也。比入山，盡以習作付余。伊人遠矣，十餘年來什襲珍玩，遐想舊遊，輒為悵惘。近以因緣復得親近。偶出舊藏，共話前塵，乃以選印公世為請，且求親為題序……」

這兩個人實可謂情有獨鍾了。

一九二七年秋天弘一大師住在豐子愷家裏的這一個月的時間實在非同尋常，除了上述的種種因緣之外，他倆還醞釀了一個弘揚佛法、鼓吹仁愛、勸人從善的大計劃，這就是編繪《護生畫集》。

一次大戰以後，歐洲曾出現過聲勢不小的提倡素食主義的呼聲，其熱鬧程度雖無法跟當今的綠色和平組織媲美，但各種保護生靈的團體也活動頻繁。文學界的蕭伯納也是一位極具護生思想的人。有一次一位朋友把話問到了極端：「假如我不得已而必須吃動物，怎麼辦呢？」蕭伯納答道：「那麼，你殺得快，不要使動物多受苦痛。」當時中國的情況其實也一樣。聲稱「為東亞提倡保護動物，宣傳素食主義之專刊」的《護生報》居然由蔣中正題報頭；中國保護動物會的護生警語》的第一條便是「保護動物，是二十世紀人類祈求和平應有的認識和覺悟。」

《護生畫集》是否就是在如此素食主義大潮中孕育而生，弘一和豐子愷均未正面提及，但二者之間有著或多或少的聯繫則是肯定的。比如，弘一在為《護生畫集》中「農夫與乳母」一圖配詩即曰：「西方之學者，倡人道主義。不啖老牛肉，淡泊樂蔬食。卓哉此美風，可以昭百世。」所以，就《護生畫集》本身而論，其宗旨亦與東西方一時興起的素食護生基本一致，而作為一九二七年剛剛拜弘一為師皈依佛門的豐子愷，他更是把繪作護生畫當成一項事業去實踐。

《護生畫集》第一冊出版於一九二九年二月（開明書店），豐子愷作畫，弘一配詩文。抗戰期間，豐子愷在逃難之中又繪成《續護生畫集》六十幅，並寄往泉州，請弘一配文。弘一遂寫信給豐氏曰：「朽人七十歲時，請仁者護生畫第三集，共七十幅；八十歲時，作第四集，共八十幅；九十歲時，作第五集，共九十幅；百歲時，作第六集，共百幅。護生畫集功德於此圓滿。」

《護生畫集》第一集的出版，是由夏丏尊介紹給章錫琛創設的美成印刷所印刷製版的。其序言則又是馬一浮撰寫的。

《護生畫集》出版後，立即引起佛教內外巨大反響，諸如大中書局、大法輪書局、大雄書店、佛學書局等相繼印行（《護生畫集》鼓勵翻印流傳），一時就有十五種版本之多，還有英譯、日譯本外銷，氣勢可謂大矣。

夏丏尊是《護生畫集》第二集（開明書店於一九四〇年十一月出版）的序作者。他在這篇序文中又為人們披露了一件感人至深的故事。夏丏尊寫道：「猶憶十年前和尚偶過上海，向坊間購請仿宋活字印經典。病其字體參差，行列不勻，因發願特寫字模一通，製成大小活字，以印佛籍。還山依字典部首逐一書寫，聚精會神，日作數十字，偏正肥瘦大小稍不當意，即易之。期月後書至刀部，忽中止。問其故，則曰：刀部之字，多有殺傷意：不忍下筆耳。其悲憫惻隱，有如此者。」

夏丏尊在序言中還闡明了前後兩集護生畫的因緣與特點：

弘一和尚五十歲時，子愷繪護生畫五十幅，和尚親為題詞流通，即所謂護生畫集者是也。今歲和尚六十之年，斯世正殺機熾盛，弱肉強食，閻浮提大半淪入劫火，子愷於顛沛流離之中，依前例續繪護生畫六十幅為壽，和尚仍為書寫題詞，使流通人間，名曰續護生畫集。二集相距十年，子愷作風，漸近自然，和尚亦人書俱老。至其內容旨趣，前後更大有不同。初集取境，多有令人觸目驚心不忍卒睹者。續集則一掃淒慘罪過之場面。所表現者，皆萬物自得之趣與彼我之感應同情，開卷詩趣盎然，幾使閱者不信此乃勸善之書。蓋初集多著眼於斥妄即戒殺，續集多著眼於顯正即護生。戒殺與護生，乃一善行之兩面。戒殺是方便，護生始爲究竟也……。

在李叔同任教浙江省立第一師範學校時，經亨頤是該校的校長，彼此之間關係密切。後來經亨頤去上虞任春暉中學校長，一九二八年他又與夏丏尊、豐子愷、劉質平等人募款在白馬湖畔築一精舍供弘一大師常住。從他撰寫的〈弘一上人手書．華嚴集聯三百跋〉裏可以看出，經亨頤對弘一大師確是很尊敬的。他是這麼寫的：

……余曩任浙江師範於民國元年，聘上人掌音樂圖畫，教有特契。藝術之交，亦性理之交也。劉子質平，習於斯凡五年，音樂具夙睿，上人盡授之。今以斯立於世，上人之賜也。上人性本淡泊，卻他處厚聘，樂居杭。「一半勾留是此湖」；而其出家之想，亦一半是此湖也。迨七年秋，毅然入山剃度，身外物盡俾各友，余亦得畫一幀，永爲紀念。旋余亦離杭，自此與上人相見遂不易。計自出家，忽忽已十四載。其間二次晤於白馬湖。上人以此處堪長在，愛上人者爲築「晚晴山房」於山之麓。余亦居於長松下，顏曰「長松山房」，上人曾納齋於其中。余適以爨碑古詩聯遣興，上人見而稱可。今上人於誦經之餘，亦集聯成巨冊，質平寶之，囑題以永藏，並志余與上人質平三人之緣如此。

關於聘請李叔同來杭州任教，同事姜丹書的記述是這樣的：「方清之季，國內藝術師資甚稀，多延日本學者任教。余先民國一年受聘入是校（浙江兩級師範），而省內外各校缺乏藝師也如故。於是校長經子淵氏因事制宜，特開高師圖畫手工專修科，延聘上人主授是科圖畫及全校音樂。上人言教之餘，益以身教，莘莘學子，翕然從風。」

李叔同當年到杭州任教，其實也是有條件的。但是經亨頤慧眼識才，終於還是答應了。

李叔同的條件是什麼呢？

原來，經亨頤請李叔同來杭州任教，李叔同提出了設備方面的條件。他的要求是每個學生要有一架風琴，繪畫教室要有石膏頭像、畫架等，而且是缺一不可。經亨頤聽了後頗為為難。學校當下缺錢、市上缺貨，他哪里能滿足這一要求？以為李叔同的這個要求實在是太高了。可是李叔同的答覆是：學生出校後是要去教唱歌的，不會彈琴不行，而且教課時間有限，練習全在課外，「你難辦到，我怕從命」。經亨頤無奈，只好想盡一切辦法採購，結果是為學校配置了大小風琴二百架。這個數位雖距離李叔同的要求還差一半，但也已排滿禮堂的四周、自修室和走廊。經亨頤讓李叔同來查看，終於獲得「通過」。

從以上這件事來看，經亨頤確是對李叔同有一種絕對信任的情結，如果不是這樣，他絕對是不會那樣做的。好在李叔同沒有辜負這位校長的一番情誼和器重，他培養出來的學生，足以可讓任何人刮目相看的。

一九二五年弘一大師被夏丏尊邀請到白馬湖的時候住的是在「春社」。後來他到了溫州，並於十月間於夜夢中夢見在白馬湖「春社」晤經亨頤先生，見几上有白玉鏡，將鐫字其上，曰「石禪□□碑」，惟中二字，闕而不具，他以「皈佛」二字補之。弘一大師醒後曾作〈石禪皈佛碑〉，並贈送給了經亨頤。這〈石禪皈佛碑〉是這麼寫的：

歲在星紀（一九二五年——引者注）十月十六日後夜，晨鍾既鳴，余復假寐。夢在白馬湖「春社」，晤頤淵居士。几上有白玉鏡，高二寸餘，晶瑩光潔，上右棱少圓，他悉方角。居士謂將鐫字其上，曰「石禪□□碑」，隸書直寫，體近寶子；惟中二字，闕而不具。種種擬議，訖未適當。餘乃勸以「皈佛」補之。居士問其義，余爲釋曰：皈與歸同，回向之義。昔學孔老，今歸佛法。猶面東者，轉而西向。余復轉旋其身，示彼形狀。居士見之，踴躍稱善。余夢遂醒，鐘聲猶未絕也。朝曦既上，追憶夢中形狀、語言，濡筆記之。並圖鏡形，以奉居士。夢中言狀，一切如實，未增減，冀以存其眞也。

弘一大師出家後屢勸平生好友念佛、禮佛、皈佛。他居然在睡夢中還想著規勸別人皈佛。經亨頤是他出家前交遊密切的人物之一，而且還曾是他的上司。弘一大師的這一夢中規勸，或有另一種意味在裏面。因爲，經亨頤不像夏丏尊，他的思想更有其理性的一面，其對待弘一大師，當年的李叔同的出家自然也就有了認知上的兩面性。李叔同出家時，他是浙江省立第一師範學校的一校之長。教師中出現李叔同皈依、出家之事，他曾有可敬而不可學的態度。

一九三〇年夏丏尊在自己四十五歲生日時曾邀請經亨頤、弘一大師在白馬湖吃素餐。爲了替夏丏尊祝壽，經亨頤有一畫贈之，並題曰：「清風長壽，淡泊神仙，十九年六月，丏尊老兄四十五生辰，頤淵寫此爲祝。」弘一大師則有〈題經亨頤贈夏丏尊畫記〉，並爲寫〈仁王般若經偈〉貽之。全文如下：

庚午五月十四日，丏尊居士四十五生辰，約石禪及余至小梅花屋共飯蔬食，石禪以酒澆愁。酒既酣，爲述昔年三人同居錢塘時，良辰美景，賞心樂事，今已不可復得。余乃潸然淚下，寫《仁王般若經》苦空二偈貽之：

生老病死，輪轉無際。事與願違，憂悲爲害。
欲深禍重，瘡疣無外。三界皆苦，國有何賴？
有本自無，因緣成諸。盛者必衰，實者必虛。
眾生蠢蠢，都如幻居。聲響皆空，國土亦如。

永寧沙門亡言，時居上虞白馬湖晚晴山房

可見，這個時候的經亨頤顯然已不是李叔同初出家時的經亨頤了。同時，人們從弘一大師這段題記中也可以很清楚地看到，弘一大師、夏丏尊和經亨頤這三人的友情是十分深厚的，當年在杭州做同事的那段時日對他們來講是多麼令人懷念，多麼值得珍視。撫今追昔，竟連弘一大師也「潸然淚下」了。只是弘一大師畢竟是高僧，他與夏、經二位的傷感所不同的是，他還能在這樣的情境下寫下了《仁王般若經》中的偈句。

弘一大師住進「晚晴山房」後，夏丏尊從上海來看望他。由於夏丏尊自己有感於身體狀況不好，推己及人，他倒擔心起弘一大師的健康了。有一日，夏丏尊憂心忡忡地問大師：萬一有不諱，像臨終呀、入龕呀、茶毗呀，有關這方面的規矩，我全是外行，這可怎麼是好？

夏丏尊的意思是萬一弘一大師圓寂，後事該如何辦理。弘一笑曰：「我已寫好了一封遺書在這裏，到必要時會交給你。如果你在別地，我會囑你家裏發電報叫你回來。你看了遺書，一切照辦就是了。」當然，那個時候的弘一大師並沒有給夏丏尊寫下遺書。

第十三章　與葉聖陶結親家

一九三三年，夏丏尊和葉聖陶同在上海。他兩志趣相投，曾共同撰寫《文心》，以故事的形式介紹語文知識。他們的著作，深入淺出，生動活潑，大受青少年的歡迎。《文心》於一九三四年出版單行本，風行一時，在此後的一段時間裏居然印了二十多版。這本書有陳望道和朱自清的序言。朱自清在序言中有這樣的話：「本書寫了三分之二的時候，丏尊、聖陶做了兒女親家。他們倆決定將本書送給孩子們做禮物。丏尊的令媛滿姑娘，聖陶的令郎小墨君，都是我相識；滿更是我親眼看著長大的。孩子都是好孩子，這才配得上這件好禮物。我這序也就算兩個小朋友的訂婚紀念吧。」

朱自清所說的「滿姑娘」即夏丏尊的幼女；「小墨君」就是葉至善，葉聖陶的長子。他倆訂婚的時間是一九三四年二月，也就是從這時候起，夏丏尊與葉聖陶成了親家。葉聖陶寫過一篇散文〈兒子的訂婚〉，他寫道：「十六歲的兒子將要與一個十五歲的少女訂婚了。是同住一年光景的鄰居。」那個時候，夏、葉兩家同住上海虹口熙華路汾安坊三號。夏家住在二樓、葉家住在一樓。兩家大人精誠合作，而他們的孩子亦朝夕相處，成了玩伴。葉聖陶還說：「彼此都不脫孩子氣，談笑嬉遊，似乎不很意識到男女的界限。」這種情況被兩家共同的朋友徐調孚先生家的師母看在眼裏，她見這兩個孩子青梅竹馬，以爲是很合適的一對，這就向夏夫人和葉夫人提議：「我替你們的女兒、兒子做媒吧。」其實在這之前，葉聖陶夫婦早已將滿子姑娘看作是心目中未來的兒媳，現在又有了徐夫人的提議，兩家的母親居然異口同聲地說：「好的」。過了幾天，夏丏尊和葉聖陶就正式談起了這事。夏丏尊一聲「好的呀」，葉聖陶一聲「嘸啥」（蘇州土話「可以」之意），都表示同意。接下來的事就是要徵求兩個孩子自己的意見了。他們各自去問自己的孩子，結果是這個不開口，那個不作聲，但從他們的臉色中可以知道，他們也都認可。於是，這門親事就這樣定下來了。

抗戰爆發後，葉聖陶率領全家，並帶著夏丏尊的女兒滿子姑娘內遷。他與夏丏尊一別就是八年。在這期間，也就是一九三九年六月，滿子和至善在四川樂山舉行婚禮。葉聖陶於這一年的六月六日寫信給夏丏尊，介紹了孩子們結婚的情況：「丏翁：善、滿婚期此間頗熱鬧。地點曰紅十字會，會所築於城上，憑欄則岷江浩浩，淩雲、烏龍如列翠屏。客凡六席，弟之同事六席，此外一席……新郎、新娘向不喝酒，居然各吃五六杯，並且鬧到我們老夫婦頭上，墨林亦飲二三杯，弟則四十杯以上。醺然矣……前請弘一法師書『善滿居』三字未帶來，而馬湛翁欲送禮，弟即請書此三字。湛翁以湖色蠟箋書之，作篆書，頗爲難得。新房中又掛子愷之〈春院小景〉一軸，弘一之聯一副，頗爲雅致。」這婚禮雖在四川舉行，但夏丏尊在上海居然也辦了喜宴。他告訴葉聖陶：「四日設宴，到客人百人以上，作詩四首，張於壁，飲酒大醉，醉臥四、五時不省人事。」夏丏尊和葉聖陶，他們一個是醉臥四五個小時，另一個居然喝了四十杯以上，可知他們心中的喜悅之情了。還須注意的是，四川方面備了十多席酒，而上海方面赴宴者有百人以上，這說明夏丏尊和葉聖陶二人在朋友心目中的影響之大了。

對於孩子們的婚事，夏丏尊與葉聖陶均留下了賀詩。夏丏尊的詩是這樣寫的：

夏葉從來文字侶，三年僦屋隔樓居。
兩家兒女儂桃李，爲繫紅絲顧與徐。

文心合寫費研磋，敢以雕龍擬彥和？
屬稿未成先戲許，移將墨瀋溉絲羅。

添妝本乏珠千斛，貽子何須金滿籯。

卻借一編謀嫁娶，兩翁畢竟是書生。

此是艱貞報國時，漫矜比翼與齊眉。
青廬窗外峨嵋在，雄峻能湔兒女私。

葉聖陶的和詩是：

艱屯翁歎淹孤島，漂泊我憐尚蜀居。
善滿姻緣殊一喜，遙酬杯杓肯徐徐。

合併何年重切磋，中原佳氣見時和。
兩翁窺鏡朱顏在，未欲岩阿披薜蘿。

兒賢女好家之富，不數豪華金滿籯。
忠厚宅心翁與我，倘酬此願慰平生。

爲道今春四月時，未婚小耦上峨嵋。
蕩胸雲氣沒腰雲，避地猶承造物私。

《文心》是夏丏尊和葉聖陶精誠合作的產物。正如葉至善在《文心・重印後記》中所說的那樣：「《文心》寫在三十年代前期，當時我的岳父和我的父親正在編《中學生》雜誌。他們看到中學語文教學（當時叫『國文課』）有不少問題，於是商量寫一本專講讀和寫的書，跟青年讀者談這些問題。他們輪流執筆，每日寫一節或幾節，在《中學生》上發表，花了一年半工夫按計劃寫完，然後出單行本。」《文心》既是一本傳授語文知識的好書，也可以作爲一種文學讀物來欣賞，所以，它的受歡迎就是情理中的事了。

夏丏尊和葉聖陶還合作寫過《文章講話》、《閱讀與寫作》等書，這些也都是教育和指導青年掌握閱讀與寫作技巧的書，在當時的青年人中流傳甚廣。這一對親家，無論是他們的生活，還是他們的事業，都在中國教育和文學史上留下了佳話。

第十四章　駐留孤島

一九三七年八月十三日上海戰事爆發後，夏丏尊任職的開明書店經理部和編輯部即毀於炮火。此時，夏丏尊一家從虹口區的麥加里遷居至法租界霞飛路三號，全家六口擠在樓下的一間客堂裏，除了隨身帶上的一點衣物，此外一無所有，從此，夏丏尊在實際上過著十分艱苦的生活。

夏丏尊非常欣賞日本的文學藝術和生活情趣，但對日本軍國主義者則深惡痛絕。「一二八」後，他曾撿回一塊日軍轟炸立達學園時留下的彈片，當作假山擺在書桌上，用以提醒自己不能忘記日軍的暴行。他還爲此專門寫了一篇〈鋼鐵假山〉。

抗戰時期夏丏尊在上海的生活狀況，人們可以從他致親友的一些信劄中想見。例如他給在寧波某生的次子的信中曰：「……唯生活威脅日重，米價已漲至千四百圓矣。……物價日日暴漲，不知如何生活得下去。」另兩封信中又曰：「上海米價二萬圓以上，香煙抽不起，最好戒絕。」「滬寓開支浩大，薪水所入不夠半數，現已戒酒。又接得翻譯佛經生意，夜間工作至十二時就寢，預計如此苦幹，當能過去。」

一九三八年夏丏尊在給豐子愷的信中，爲了安慰離亂中的豐子愷，不得不虛言「在滬安好」，那麼到了一九四〇年十一月十五他給豐子愷的信中便不得不如實寫告了：「浙東不通知故，欲歸不得，在上海也恐活不下去，……煙已吸至平常不吸之劣牌子……」。豐子愷也在一九四六年五月十四日寫的〈讀丏師遺劄〉一文中回憶道：「但記得抗戰後期的一信內，夏先生說，他近來吃『扁擔飯』。即每日上午吃了一餐，跑去辦公，下午回來再吃一餐，一天的食事就完了。這話現在想起了倍覺傷懷！」

爲了活口養家，夏丏尊除了夜以繼日寫作、翻譯外，還到南屏女中任教。他誨人不倦，風雨無阻，而他自己的兩個孫子卻因經濟困難不得不輟學，過早地進入錢莊充當學徒。他不是沒有機會「富貴」，一九四三年十二月十五日夜，夏丏尊被日本憲兵司令部捕去。日本人出示中國文藝家協會主張抗日的宣言問罪，並想利用其名望爲日本人辦事，可他堅貞自守，毅然拒絕，後經好友內山完造的營救，夏丏尊才得以獲釋。

這便是夏丏尊居留孤島時的基本境況，著實體現了一個眞君子的風範。

夏丏尊也思念著避居內地的豐子愷。當他得知豐子愷的故居緣緣堂毀於炮火的消息後，十分悵惘。爲了寄託他對豐子愷的思念之情，夏丏尊特地找出豐子愷的漫畫《幾人相憶在江樓》張之寓壁，「日夕觀覽，聊寄遐想，默祝禱平安而已。」（夏丏尊一九三八年三月十日致豐子愷函）早在春暉中學時，夏丏尊就是豐子愷漫畫的積極倡導者。豐子愷在日本遊學期間，接觸到日本漫畫家竹久夢二等筆簡意賅的漫畫，並且對這種畫風一見鍾情。他有心在消化竹久夢二畫風的基礎上結合中國傳統創造出一種屬於他自己的漫畫風格，而這種努力的第一步，即是起始於春暉中學。

據豐子愷自己回憶，他在白馬湖作漫畫，緣於春暉中學的一次校務會議。在這次會議上，他對「那垂頭拱手而伏在議席上的同事的倦怠姿態」印象頗深，回家後就用毛筆把校務會議上的印象畫了出來，並貼在門後獨自欣賞。此畫激起了豐子愷的極大興味。此後他就經常把平日信口低吟的古詩詞句「譯」作小畫，又把對日常生活中有感的物事一一描繪出來。每次畫完之後，他都會「得到和產母產子後所感到的同樣的歡喜。」他開始勤奮作畫，「於是包皮紙，舊講義紙，香煙簏的反面，都成了我的Canvas，有毛筆的地方都成了我的Studio了。」豐子愷在春暉中學教書時，就已在校刊《春暉》上發表了一些作品。他的畫自然也引起了夏丏尊、朱自清、朱光潛等人的興趣。他們幾位在此後撰寫的文章中，對此多有涉及，我們也能在這些文章中，分享到當年白馬湖畔的藝術情味。

夏丏尊在豐子愷的第一部漫畫集《子愷漫畫》的序言裏是如此表白的：

……記得，子愷的畫這類畫，實由於我的慫恿。在這三年中，子愷實畫了不少，集中所收的不過數十分之一。其中含有兩種性質，一是寫古詩詞名句，原是古人觀照的結果，子愷不過再來用畫表出一次，至於寫日常生活的斷片的部分，全是子愷自己觀照的表現。前者是翻譯，後者是創作了。畫的好歹且不談，子愷年少於我，對於生活，有這樣的咀嚼玩味的能力，和我相較，不能不羨子愷是幸福者！

夏丏尊喜歡豐子愷的漫畫，所以他們也都樂意請豐子愷替他們各自的作品配圖。一九二三年，夏丏尊根據日譯本，把義大利亞米契斯著《愛的教育》一書譯成中文在上海《東方雜誌》上連載。由於喜歡豐子愷的畫，夏丏尊就請他爲此書作了十幅插圖，並設計繪製封面。夏丏尊的譯著後來由開明書店出版單行本，風行中國二十餘年，再版多次。

夏丏尊在抗戰時期給豐子愷寫過許多信，其中一九四〇年十一月十五日一封格外引人注意。此信很長，專談繪畫問題：「……鄙意：中國人物畫有兩種，一是以人物爲主的（如仕女、如鍾進士、佛像等），一是以人物爲副的（如山水畫中之人物）……其實二者之外，尚有第三種方式，就是背景與人物並重……爲君計，似以從第三種入手爲宜……君於漫畫已有素養，作風稍變（改成國畫風），即可成像樣之作品。暫時以此種畫爲目標如何？……由漫畫初改國畫，純粹人物與純粹山水，一時恐難成就（大幅更甚），如作人物背景並重之畫，雖大幅當亦不難……」

豐子愷十分重視夏丏尊的這封信，他在發表於一九四六年七月《中學生》上的《讀丏師遺劄》中回憶當時收信時的感想：「當時我極感佩。今日重讀此信，覺得更有價值，可說是世界繪畫傾向的一個預言。」接著，豐子愷在文章中分析了中西繪畫的發展歷史，得出結論曰：「中國以唐代爲界，劃分人物畫時代與風景畫時代。西洋則以十九世紀中葉爲界而劃分。時間遲早不同，而其順序完全一致。故世界繪畫，現在都尚在風景爲主的時代。」爲此，豐子愷斷言：「夏先生所說的第三種畫，我以爲在將來必然出現……世界繪畫渴望一個新的轉機。這會轉向那裏呢？唯有人物風景並重的一路了。」

豐子愷以爲這第三種畫在將來必然出現，其實他自己已經在實踐了。溯其漫畫的發展階段，到了抗戰期間，豐子愷的畫風突然爲之一變，用他自己的話說，這是「自然相」階段，其畫仍保持了「人的趣味」，同時用了很多筆墨描繪了風景，而且由簡筆變爲繁筆，由單色變成了彩色。這種風格上的轉變，雖不能說完全因丏尊直接促成，但至少也是其中的一個重要因素。至少，豐子愷對此是承認的。他在寫〈讀丏師遺劄〉一文時，夏丏尊已經辭世，他在此文的結尾便是這麼說的：「陶淵明詩云：『先師遺訓，余豈雲墜？四十無聞，斯不足畏。

指我名車，策我名驥。千里雖遙，孰敢不至！』我也想遵照夏先生的遺囑，而勉力學習。」

夏丏尊和豐子愷都是中國現代文學作家中的散文高手。作爲「白馬湖作家群」中的兩位主將，他倆的散文都曾得益於中國古典散文的影響，筆法簡潔而老練，同時又注重現代人的情感。他們的散文，前者偏重抒情，後者偏重說理，可謂各有千秋卻同出一爐。豐子愷把自己走上文學之路歸功於夏丏尊的指導和鼓勵，而夏丏尊對這位昔日的學生在文壇上的成就也由衷地高興。在國內，當時頗具影響的文學評論家趙景深是這樣評價豐子愷的：「他只是平易的寫去，自然就有一種美，文字的乾淨流利和漂亮，怕只有朱自清可以和他媲美。」

那麼在國外的情況怎樣呢？一九四三年，夏丏尊在上海讀到日本作家谷崎潤一郎的新著《昨今》，其中有對中國文藝的評論，尤以對豐子愷的評價最爲詳細；他的散文集《緣緣堂隨筆》也由漢學家吉川幸次郎翻譯到日本出版。谷崎潤一郎是如此評價的：

「他所取的題材，原不是什麼有實用或深奧的東西，任何瑣屑輕微的事物，一到他的筆端，就有一種風韻，殊不可思議。」

吉川幸次郎則說：「我覺得，著者豐子愷，是現代中國最像藝術家的藝術家，這並不是因爲他多才多藝，會彈鋼琴、作漫畫、寫隨筆的緣故，我所喜歡的，乃是他的像藝術家的眞率，對於萬物的豐富的愛，和他的人品、氣骨。」

夏丏尊讀到《昨今》，自然感到十分高興。日本學者對他的這位學生、朋友有如此之高的評價，使他興奮得立即動手把書中〈讀《緣緣堂隨筆》〉一章翻譯出來在《中學生》第六十七期上發表。夏丏尊的譯者序言是這樣記述的：

> 八一三以來，藏書盡付劫火，生活困苦，購書無資，與日本刊物更乏接觸之機會。日昨友人某君以谷崎新著隨筆集《昨今》見示，中有著者之中國文藝評，對胡適、豐子愷、林語堂諸氏之作品各有所論述。其中論子愷最詳，於全書百餘頁中竟占十頁，所論尚允當，故譯之以示各地之知子愷者。余不見子愷倏逾六年，音訊久疏，相思頗苦。子愷已由黔入川，任教以外，賴賣畫自活。此異國人士之評論，或因余之迻譯有緣得見，不知作何感想也。三十二年五月，譯者，在上海。

夏丏尊的譯文在《中學生》雜誌上發表後，開明書店就把刊物寄給豐子愷看，接著葉聖陶又函請豐氏本人寫一篇讀後感。當時正值戰爭期間，豐子愷覺得爲了一個敵國人所寫的文章談感想，似乎不甚協調。但是在抗戰勝利後的一九四六年四月十一日，豐子愷還是寫了一篇〈讀《讀緣緣堂隨筆》〉，除補應葉聖陶之囑外，更爲了感謝夏丏尊，他在文中說：「夏先生譯文的序言中說：『余不見子愷倏逾六年，音訊久疏，相思頗苦……』爲答覆夏先生的雅望，我更應該寫些感想。」

豐子愷的這篇「感想」中有一段文字很有意味：「我既然承認自己是孩子，同時又覺得吉川、谷崎二君也有點孩子氣。連翻譯者的夏先生，索稿子的葉先生，恐也不免有點孩子氣。不然，何以注目我那些孩子氣的文章呢？」

豐子愷說：

「在中國，我覺得孩子太少了。」

八一三戰事爆發後，開明書店的廠房全部被毀，《中學生》雜誌也不得不被迫停刊。這樣的時候，開明書店同人，大部分都避走內地。夏丏尊一向怕出門，又年老多病，不準備離開上海。他一面替開明書店編字典，一邊在私立南屛女子中學擔任國文教師。

南屛女子中學的前身是杭州的浙江省立杭州女子中學。抗戰爆發後，杭州女子中學解散，原校長曾季肅率部分教師和學生先後來到上海。曾季肅是小說《孽海花》作者曾孟樸先生的妹妹，一位終生獻身於教育事業的中國女教育家。她決定在上海辦學，並在北京西路常德路口租下振粹小學堂作爲校舍。校名先是「上海私立杭州女子中學」，後正式掛牌爲「上海私立南屛女子中學」。這學校的名字，出典杭州著名景點「南屛晚鍾」，有懷念杭州母校的意思。這所學校的辦學宗旨是「培養具有現代知識，進步思想，具有獨立人格和創造能力的時代女青年。」

一九三八年，夏丏尊應邀到該校任國文教師。他的受聘，是因爲校長曾季肅看中他翻譯的《愛的教育》，以爲像夏丏尊這樣富有愛心的教師，最適合她的學校。他的學生陳仁慧在回憶夏丏尊到該校的一些情形：「我看他穿一件深灰色長衫，腳上是黑布鞋。高高的身材，有點胖。圓圓的面龐，皮膚微黑。額頭有許多皺紋，眼睛並不大，卻炯炯有神，就深藏在皺紋堆裏。頭髮比較稀疏，隨意地覆蓋在頭頂上，……作爲一個十多歲的稚氣的孩子，我未免感到有點失望。——據說，『文如其人』。讀了夏先生的文章，我把夏先生想成眉清目秀、身材修長、溫文爾雅、風度翩翩的儒士……」年輕的女孩子是清純而易感動的，只要你是一位仁者。開始時她們從夏丏尊的外表上當然還見不到廬山眞面目，但很快，夏丏尊就以他的人格力量讓這些女孩子折服，且被感動得五體投地。

學生們看到，夏丏尊凡事認眞，一絲不苟。當時高中國文課每周六學時，幾乎每天都有課。夏丏尊家住霞飛路霞飛坊，距離滬西的南屏女中很遠。夏丏尊自然坐不起車，每天都要步行。但是他從來不遲到，總是準確得像時鐘一樣，上課鈴剛響，他一定準時踏進教師的門。他身體並不好，但從未請過一次假。開始時，夏丏尊因爲跑長路，當趕到教室時總是氣喘吁吁。爲了此，他又特意提前到校，在教師休息室裏坐下休息一會兒，以平復自己的喘息，集中自己的思想，然後拿了粉筆到教室裏上課。陳仁慧又回憶說：「我們發現了這情況，央求夏先生課前直接來我們教室休息。我們爲夏先生搬好軟椅，泡好茶，準備好上課用的粉筆，……有時碰巧國文課排在早晨第一節，我們索性提早到校門口去迎接。夏先生常常用一塊布包袱包著上課用的書本、眼鏡之類，我們老遠看見夏先生來了，趕快跑過去接過那個熟悉的布包，笑著說著，前呼後擁，一直把他接進教室，請他坐下，端上我們事先泡好的茶。如果是夏天，我們爭相給夏先生打扇，遞上冷的濕毛巾，……每逢這種時候，夏先生總是慌忙張開兩手阻擋，連聲說：『哎喲，讓我自己來，讓我自己來……』這眞有點像是在寫小說，形象生動、感人至深。

夏丏尊在教學上一如既往的認眞嚴謹。他凡事以身作則，身教重於言教。他要求學生做到的事，自己首先做到。比如他要求學生寫字端正，就從自己批改作文做起，總是一筆一劃，端端正正、整整齊齊，而且字斟句酌地寫下評語。他善於發現學生的進步，也及時糾正錯誤。表揚時是親切的鼓勵；批評時是語重心長。如此等等，學生們無一人不爲之感動的。

爲了報答夏丏尊先生的厚愛，學生們私下悄悄議論怎樣才能向夏先生表達自己的感激之情。女學生總有女學生自己特有的想法。她們最終決定大家出錢，大家動手，給夏丏尊縫製一件長衫，並作爲教師節的禮物送給夏丏尊先生。於是，她們便悄悄的實行著這一計劃。由於不瞭解夏丏尊身材的確切尺寸，她們借排練話劇，需要演出服裝而向夏丏尊借了一件長衫。夏丏尊果然「上當」。此後，女學生們就一起動手，裁的裁，縫的縫，熨的熨。不出幾天，正趕上當時的八月二十七日教師節，一件新長衫終於縫製完成。那天上國文課之前，學生們事先把一新一舊兩件長衫端端正正地放在講臺上，靜候老師的到來。當夏丏尊來到講臺前時，學生們同時鼓掌，夏丏尊還在納悶，班長恭恭敬敬地站起來說明原委。直到這時，他方才明白自己上當了。學生們一致要求夏丏尊立即試穿長衫，而夏丏尊這時居然也就像慈父一樣聽任孩子的擺佈。他興奮地說：「好了，好了，今天就穿著新長衫上課。——下課後我還要穿回去給你們的夏師母看看哩！」值得注意的是，據夏丏尊的後人夏弘琰在〈懷念祖父〉中介紹：「祖父有不少怪脾氣。他最不喜歡穿新衣服。」但這一天他願意接受學生們的禮物，以為這是孩子的一片心意，也是做教師的最大安慰。

弘一大師曾在一九三七年五月，應青島湛山寺之請赴青島弘法。而就在此年的八月十三日，日軍向上海發動了大規模的進攻，這是日本侵華戰爭的又一次升級。至此，中國也就進入了全面的抗日戰爭。十月，弘一為了回到閩南去，路經上海，並停留了幾天。那幾天，上海正是炮火喧天，炸彈如雨。弘一大師鎮靜自若，從容應對。夏丏尊見了後又是佩服得五體投地。夏丏尊知道，弘一的這一去，又不知何年何月才能再見面了，更何況這抗戰的年頭，禍患隨時隨地都會降臨。為此，他要求弘一大師到住處附近的照相館拍一張照片。這就是人們目前所經常能見到的那張弘一大師標準像了。

弘一大師回到了福建。所謂「爲護法故，不怕炮彈」、「念佛不忘救國，救國不忘念佛」是他當時的心志。他盡力地弘法，同時也鼓勵當地的抗戰熱情。他寫過一首詩答柳亞子：

「亭亭菊一枝，高標直勁節。雲何色殷紅，殉教應流血。」

憂愁的歲月裏偶爾也會有令人難忘的溫馨。一九四二年的秋天，開明書店中的同人爲夏丏尊結婚四十年舉行祝賀活動。戰爭年代，物質缺乏，但大家還是按照歐洲結婚四十年的羊毛婚的風氣，各家帶上兩味菜肴來到霞飛路霞飛坊替他們老夫婦稱賀，並藉此機會飲酒澆愁。事後，由章錫琛倡始，作了四首七言舊體詩作爲紀念，書店同人王統照、王伯祥、徐調孚、顧均正、周德符等亦各有詩作誌慶。消息傳到內地，葉聖陶、朱自清、朱光潛、賀昌群等也寄詩至滬。夏丏尊夫婦的羊毛婚照片還在柯靈主編的《萬象》上刊登。這一切，也能在四圍鬼蜮現形、民生艱困的孤島上，使夏尊破顏自慰、掀髯一笑了。

在白馬湖時，弘一大師曾寫給學生劉質平一封遺書。這是一九三一年的事。該年陝西發生大旱災，寧波白衣寺主持按心頭陀來到白馬湖，請弘一大師赴西安去主持一次法會。其時，弘一大師住距白馬湖不遠的法界寺，且正在病中。由於安心頭陀的堅請，爲了替衆生祈福，弘一大師終於還是答應了。弘一大師對自己的健康狀況十分清楚，他知道，西安距離浙東路途遙遠，且西北部的寒冷氣候亦非一般體弱之人所能承受。他已答應安心頭陀，看來不得不作此行的準備。因此，他鄭重地寫了一份遺囑及一張便條，托人帶給正在寧波第四中學任教的劉質平。

便條如此寫道：

劉質平先生

第四中學教員

安心頭陀匆匆來此，諄約余同往西安一行。義不容辭。余準於星期六（即二日）十一時半到寧波。一切之事當與仁者面談。

弘一上

遺囑如下：

劉質平居士披閱：

余命終後，凡追悼會、建塔及其它紀念之事，皆不可做。因此種事，與余無益，反失福也。

倘若做一事業與余爲紀念者，乞將《四分律比丘戒相表記》印二千冊。以一千冊，交佛學書局（閘北新民路國慶路口（即居士林旁））流通。每冊經手流通費五分，此資即贈與書局。請書局於《半月刊》中，登廣告。

以五百冊，贈與上海北四川路底內山書店存貯，以後隨意贈與日本諸居士。

以五百冊分贈同人。

此書印資，請質平居士籌集。並作跋語，附印書後，仍由中華書局石印。（乞與印刷主任徐曜堃居士接洽。一切照前式，惟裝訂改良。）

此書原稿，存在穆藕初居士處。乞托徐曜堃往借。

此書可爲余出家以後最大之著作。故宜流通，以爲紀念也。

弘一書

劉質平收到弘一大師的便條和遺囑大吃一驚。他計算時間，目前趕往白馬湖顯然已經來不及，且知大師辦事一向認眞，一旦答應要做的事，他是一定會去實行的。劉質平是弘一大師的大弟子，他那能眼看著老師就這麼帶著病體趕赴遙遠的西北。於是，劉質平逕直趕赴寧波海輪碼頭，他決心一定要阻止這計劃。

於是，輪船碼頭上就出現了一幕驚心動魄的救師行動。劉質平來到碼頭的時候，弘一大師已跟著安心頭陀上船了。船將啓航，劉質平直衝上船，一層一層地尋找，終於在艙房裏見到了弘一大師。只見他不由別人分說，背起大師就走，一口氣將大師從客輪的第三層背下船來。碼頭上，師生二人百感交集，相擁而泣。

這一幕，這一驚世駭俗之舉，讓所有目擊者目瞪口呆。

至於弘一大師在一九四二年臨終前所寫的遺囑，這是目前許多人都熟知的。那時，弘一大師感到直奔西天之時已近，分別給夏丏尊、劉質平寫下了同樣的兩份遺書。遺書的內容是這樣的：

朽人已於九月初四日遷化。曾賦二偈，附錄於後：

君子之交，其淡如水。執象而求，咫尺千里。

問余何適，廓爾亡言。華枝春滿，天心月圓。

謹達，不宣。

前所記月日，係依農曆。又白。

一九四二年十月三十一日這一天上午，夏丏尊依例要到開明書店去辦事。才坐定，有人就送來了一封信，且笑嘻嘻地對夏丏尊說：「弘一法師又有掛號信來了。」往日，凡有弘一的信來，夏丏尊都會讓書店同人一起看的。這次也一樣。可是，當他抽出信紙來讀時，大家都驚呆了：「朽人已於……」夏丏尊怎麼也想不通，「遷化」的消息如何會由「遷化」人自己來報導呢？再仔細一看，遺書上的「九」、「初四」三字是用紅筆寫的，似乎不是弘一的親筆，像是別人塡上去的。就在這時，有人又從信封裏抽出了附件，一件是泉州大開元寺性常法師的信，說弘一大師已於九月初四日下午八時往生，遺書是由他代寄的。另一件是剪下的泉州當地報紙，其中關於弘一大師臨終經過有詳細的記載。夏丏尊這時才不得不相信，這平生的摯友——弘一大師確實是圓寂了。

他，弘一大師，終於走完了他那多彩多姿的人生之路，去了他要去的極樂世界。

弘一大師圓寂後，夏丏尊顧不上自己體弱多病，爲紀念弘一大師做了許許多多的工作。他先後撰寫了〈懷晚晴老人〉〈弘一大師的遺書〉等悼念文章。一九四三年三月，他又爲《晚晴老人講演集》作了題記；一九四三年初冬，上海大雄書局出版了《弘一大師永懷錄》，書中皆爲文化界、佛教界人士回憶大師的文章和詩詞。夏丏尊德高望重，爲之作了序言；一九四四年秋，開明書店出版了《晚晴山房書簡》（第一輯），由夏丏尊、李芳遠集稿，其中弘一致夏丏尊函就有九十五通之多。

夏丏尊在《弘一大師永懷錄》的序言中的一席話道出他對這位摯友的發自內心的評價：

……綜師一生，爲翩翩之佳公子，爲激昂之志士，爲多才之藝人，爲嚴肅之教育者。爲戒律精嚴之頭陀，而卒以傾心西極，吉祥善逝。其行跡如眞而幻，不可捉摸，殆所謂遊戲人間，爲一大事因緣而出世者。現種種身，以種種方便而作佛事，生平不畜徒眾，而攝受之範圍甚廣。

一九四三年十二月十五日清晨五時左右，有日本憲兵多名敲開了夏丏尊的家門。他被帶到虹口舊德鄰公寓旁的日本憲兵部。拘留期間，每天吃冷飯兩餐，沒有菜，只有一撮鹽，或一碗醬湯。夜裏睡的是地板，兩個人合用三條毯子。眾多被拘留的人被安排在一間屋內，像白鐵罐頭裏的沙丁魚。大小便以及痰唾都在一個木桶裏，滿屋皆是腥臭味。夏丏尊被關十天，其中一半時間是接受審問。由於在「八一三」前的文藝家協會會議上，夏丏尊是會議主席，這當然都被記錄在案，會議出席者名單，日本人手中也有。他們指著名單，一一詢問。憲兵隊的人知道夏丏尊會說日語，便逼他用日本話回答。夏丏尊說：「我是中國人，我說中國話。你們有翻譯人員，翻譯就是了。」

跟夏丏尊一起被拘留的章錫琛先生曾在被拘時作了三首詩，從一個側面反映了他們在拘留時的樂觀、無畏精神和生活狀況：

日食三餐不費錢，七時早起十時眠。
一甌香飯搏雲子，半鉢新茶潑雨前。
湯泛瓊波紅瀲灩，鹽霏玉屑碧芊芊。
煤荒米歉何須急，如入桃源別有天。

一日幾回頻點呼，「噎淒尼散哈淒枯」。
低眉趺座菩提相，伸手搶羹餓鬼圖。
運動憧憧燈走馬，睡眠簇簇罐藏魚。
劍光落處山君震，虎子兼差攝唾壺。

執戈無力效前驅，報國空文觸網罟。
要爲乾坤扶正氣，枉將口舌折侏儒。
囚龍笯鳳只常事，屠狗賣漿有丈夫。
慚愧平生溝壑志，南冠虧上白頭顱。

在夏丏尊被拘留期間，有一個年輕人曾爲夏家送去了一封信，說是幾個同學湊起來的錢，請夏師母隨便使用。夏師母把錢收下，卻忘了問來人的姓名。夏丏尊先生被釋放後，知道此事，一定要還錢。他以爲自己再窘迫，也不能用學生的錢。然而，他的學生沒有一個願意承認此事。他在無奈之下，居然決定把錢捐贈給慈善機關。

第十五章　辭世

夏丏尊幾乎沒有穿過一件像樣的衣服，飲食質量也十分之差。他每天從外面進到開明書店，坐在椅子上，十有九回是輕輕地歎一口氣。這一半是他的身體不如從前，爬一段樓梯便就感覺累，而另一半則是他內心的痛苦和數不盡的哀愁。長期的抑鬱、悲憫，精神上的苦痛，逐漸損害了他的健康。

王統照是夏丏尊晚年經常來往的朋友之一，他在〈丏尊先生故後追憶〉一文中較爲具體地談到了夏丏尊晚年的貧病生活：「我與夏先生認識雖已多年，可是比較熟悉的還是前幾年同在困苦環境中過著藏身隱名的生活時期……夏先生雖以『老日本留學生』，住在『洋場』的上海二十多年，但他從未穿過一次西裝，從未穿過略像『時式』的衣服。除在夏天還穿穿舊作的熟羅衫褲、白絹長衫之外，在春秋冬三季穿身絲呢類面子的皮棉袍子，十天倒有九天是套件深藍色布罩袍，腳穿中國老式鞋子。到書店去，除卻搭電車外，輕易連人力車都不坐。

至於吃，更不講究，『老酒』固然是每天晚飯前總要吃幾碗的，但下酒之物不過菜蔬、豆腐乾、煮蠶豆、花生之類。」

夏丏尊一生與酒有緣，即便是在生活不寬裕的時候，他也是一定要飲酒的。但是，這種情況在他的晚年還是有所改變。他曾給次子的信中說道：「滬寓開支較大，薪水所入不夠半數，現已戒酒，又得翻譯佛經，夜間工作至十二時就寢，預計如此苦幹，當能過去……」他就是這樣，終於熬到了抗戰的勝利。

夏丏尊一生愛憎分明，也有較爲明顯的政治傾向，但在很長一段時間裏，他對政治並無多大的關心。抗戰勝利後，夏丏尊曾一度比較興奮，與許多文化人一樣，在他的眼裏，中國從此以後將迎來誘人的曙光。他在這個時候，似乎願意打破了以往的沈寂，居然也寫過抨擊高級接收大員們言行不一的文章，還同意開具履歷應參議員（後改稱臨時參議員）的徵選（後因不接受「圈定」而退出）。這樣的熱情很快就又熄滅了。當時國內的政治狀況令他最後的希望也化爲泡影。失望後的他牢騷、怨氣又多了起來，對政府的一些失當的措施常常表示出極大的憤慨。

抗戰勝利後，葉聖陶一家回到了上海。老友重逢，分外高興。人高興了，就要喝酒，但是這時的夏丏尊，就是有酒，他的一身病體也不允許他多喝了。再加上當時的物價飛漲，國內又起內戰，他的心情很快就又消沈了。夏丏尊對時局的不滿，可以從他寫於一九四五年十一月二十五日的〈好話與符咒式的政治〉一文中看得出來。他寫道：「為政不在言多，為政者所言的就是其所行的。為政者有政權在手，說得出的理應做得到，決不會像好話符咒的沒把握，可以不負職務上的責任。可是目前的政治情況，大有叫人哭笑不得之感。目前政治上的黑暗的壞的方面，如貪污、橫暴、不法之類且不談，即就其光明的好的方面看來，也大半叫人失望。為政者發表的政見並非不好聽，所頒佈的文告也著實冠冕堂皇，若論其效果，大半不甚可靠，猶如好話與符咒一般。」

一九四六年四月二十二日，葉聖陶去看望他，臨走時，夏丏尊淒苦的對葉聖陶說：「勝利，到底啥人勝利——無從說起！」這是葉聖陶聽到他最後的聲音。二十三日他再去看望時，夏丏尊已經不能說話了。為了此，葉聖陶十分感傷。他到上海已經三個月了，由於夏丏尊的肺病加劇，雖然有會面的機會，但卻沒有暢快的談一談。

關於夏丏尊的病情，葉聖陶曾有日記略有介紹，其中三月十七日寫道：「至丏尊家，丏翁近日仍氣喘，有熱度，進食不多。」三月二十四日寫道：「小墨、滿子歸來，云丏翁忽便血甚多。丏翁之身體在逐漸轉壞，大可憂慮也。」三月三十一日記曰：「小墨、滿子今日復往霞飛坊，歸言丏翁熱度益高，至三十九度半。共謂衰病至此，恐難久延，思之淒然。」到了四月二十二日，葉聖陶去看望夏丏尊時，肺炎已見好轉，但心臟卻轉弱，而且語言模糊了。葉聖陶曾有〈從此不再聽見他的聲音〉一文記述：「四月二十二日上午，去看丏翁。他朝裏側睡，連聲呻吟。醫生還沒來，昨日醫生說他心臟轉弱，開了強心劑給他服下，又吩咐預備葡萄糖，將給他注射……將近十一點，我要走了，朝他說明天再來。他望我一眼，勉力說出以下的話：『勝利，到底啥人勝利——無從說起！』雖然舌頭有些木強，聲音還聽得清楚。那淒苦的眼神帶著他平生的悲憫，使我永不能忘……我走了，從此不再聽見他的聲音。二十三日午後又去看他，他已經閉了眼睛，只剩抽氣了。就在那天下午九時四十五分，他離開了我們的世界。」

臨終時，夏丏尊吩咐家人替他在身旁念佛，不准哭泣。他留下遺囑要依佛教儀式火化。或許，在他生命的最後時刻，他想到了他的摯友弘一大師。其實，他的心裏始終是裝著弘一大師的。在他的家裏，掛有弘一的畫作和書法，案頭還陳有弘一圓寂時的照片。就在夏丏尊逝世前的一年，即一九四五年，他在上海玉佛寺召集過一次弘一大師周年紀念會。在會場上，他特別說道：「這種紀念會是寂寞的事，也只有寂寞的人來做。」

一九四六年四月二十七日，《新華日報》發表了題爲〈悼夏丏尊先生〉的社論。社論一開頭就說：「民主文化戰線上的老戰士夏丏尊先生，本月二十三日，在滬逝世，這實在是中國文化界的一大損失！」

老友、學生們的懷念文章也在各地的報刊上發表。他的學生豐子愷得悉夏丏尊逝世的消息是在重慶。當時豐氏剛從重慶郊外遷居城中。三年多以前，他從遵義遷重慶，臨行時接到老師弘一大師往生的消息，而今天，另一位老師夏丏尊又離他而去，消息都在他行旅倥傯的情況下傳到。

想當年，也就是一九三七年的秋天，豐子愷從南京回故鄉，中途在上海下車，曾赴梧州路去看望夏丏尊先生。時值蘆溝橋事變爆發不久，夏丏尊每說一句話，就歎一口氣，臨別之時，豐子愷說：「夏先生再見。」而夏丏尊則答曰：「不曉得能不能再見！」果然，這就是師生倆的最後一面。聞悉夏丏尊逝世的噩耗之後，豐子愷很快寫了一篇〈悼丏師〉長文，他覺得，類似夏丏尊之死，使「文壇少了一位老將」，「青年失了一位導師」這些話別人都已說得夠多了，於是，他便著重追憶了他與夏丏尊的師生情緣，讀來也格外令人親切，其哀悼之情也特別深摯。在談及他受弘一、夏丏尊的影響時，豐子愷以為「二十年間，常與夏先生接近，不斷地受他的教誨。其時李先生已經做了和尚，芒鞋破缽，雲遊四方，和夏先生彷佛是兩個世界的人。但在我覺得仍是以前的兩位導師，不過所導的物件由學校擴大為人世罷了。」

豐子愷最瞭解夏丏尊的爲人處世：「他看見世間的一切不快、不安、不眞、不善、不美的狀態，都要皺眉，歎氣。他不但憂自家，又憂友，憂校，憂店、憂國、憂世。朋友中有人生病了，夏先生就皺著眉頭替他擔憂；有人失業了，夏先生又皺著眉頭替他著急；有人吵架了，有人吃醉了，甚至朋友的太太要生產了，小孩子跌跤了……夏先生都要皺著眉頭替他們憂愁。」最後，豐子愷自己也悲憤起來：「八年來水深火熱的上海生活，不知爲夏先生增添了幾十萬斛的憂！憂能傷人，夏先生之死，是供給憂愁材料的社會所致使，日本侵略者所促成的！」

夏丏尊的追悼會於一九四六年六月二日下午在上海玉佛寺舉行。根據夏丏尊的遺願，謝絕賻贈。治喪委員會推選幾人組成夏丏尊先生紀念委員會，募集紀念基金，專贈於任職十年以上，成績卓著，或在語文教學上獲得創見的中學國文教師。「啓事」上是如此說的：「先生泉下有知，必將謂吾道不孤，惠同身受，而受之者亦可以得所慰藉，益加奮勉」。此基金頒發過一次，受獎者爲姚韻漪女士。後因通貨膨脹，物價飛漲而未能堅持下去。

夏丏尊先生一生，從來也沒有加入政治團體或任何黨派，只把教育當做他的終身事業。一九四六年十一月，夏丏尊的骨灰被移至浙江上虞白馬湖故居平屋的後山坡上。這裏面對白馬湖春暉中學，也算是一個最好的選擇了。

主要參考書目

《夏丏尊文集·平屋之輯》，（杭州）浙江人民出版社一九八三年二月第一版；
《夏丏尊文集·文心之輯》，（杭州）浙江人民出版社一九八三年十二月第一版；
《夏丏尊文集·譯文之輯》，（杭州）浙江人民出版社一九八三年十二月第一版；
《姜丹書藝術教育雜著》，姜丹書著，（杭州）浙江教育出版社一九九一年十月第一版；
《錢君匋傳》，吳光華著，（北京）北京美術攝影出版社二〇〇一年六月第一版；
《杭州第一中學校慶七十五周年紀念冊》，（杭州）杭州一中七十五周年校慶籌備辦公室編，一九八三年四月一日；
《夏丏尊傳》，夏弘寧著，（北京）中國青年出版社二〇〇二年一月第一版；
《夏丏尊紀念文集》，夏弘寧主編，（上虞）上虞市文學藝術界聯合會二〇〇一年十月第一版；

《葉聖陶和他的家人》，龐暘著，（瀋陽）春風文藝出版社二〇〇一年五月第一版；
《匡互生傳》，趙海洲、趙文健著，（上海）上海書店出版社二〇〇一年十月第一版；
《白馬湖文集》，（上虞）浙江省上虞市政協文史資料委員會編，一九九三年十月；
《寸草春暉》，（上虞）春暉中學七十周年校慶籌備委員會編，一九九一年八月；
《豐子愷文集·文學卷》，豐子愷著，（杭州）浙江文藝出版社、浙江教育出版社一九九二年六月第一版；
《清靜的熱鬧——白馬湖作家群論》，張堂錡著，（臺北）東大圖書股份有限公司一九九九年十一月第一版；
《我與開明》，中國出版工作者協會編，（北京）中國青年出版社一九八五年八月上海第一版；
《葉氏父子圖書廣告集》，葉聖陶、葉至善著，（上海）上海三聯書店一九八八年七月第一版；
《浙江近代著名學校和教育家》，浙江省政協文史資料委員會編，（杭州）浙江人民出版社一九九一年九月第一版；
《文壇雜憶初編》，顧國華編，（上海）上海書店出版社一九九九年九月第一版；

《文壇雜憶續編》，顧國華編，（上海）上海書店一九九九年九月第一版；
《民國鄉村自治問題研究》，李德芳著，（北京）人民出版社二〇〇一年十二月第一版；
《「五四」作家與佛教文化》，哈迎飛著，（上海）上海三聯書店二〇〇二年六月第一版；
《當代漢語散文流變論》，袁勇麟著，（上海）上海三聯書店二〇〇二年六月第一版；
《中國現代文學三十年》，錢理群、溫儒敏、吳福輝著，（北京）北京大學出版社一九九七年七月第一版，二〇〇二年六月第十二次印刷；
《禪與中國藝術精神的嬗變》，黃河濤著，（北京）商務印書館國際有限公司一九九四年八月第一版；
《匡互生與立達學園》，（北京）北京大學出版社一九八五年五月第一版；
《百年杭高》，浙江杭州高級中學《百年杭高》編委會編，一九九九年。

後　記

大約是在一九八二年，我爲了撰寫大學畢業論文，選擇了研究豐子愷散文的題目。在研究過程中，我經常在文獻中看到夏丏尊這個名字。當然，那個時候我對夏丏尊的印象還很模糊，只知道他是豐子愷的老師、弘一大師的朋友，一位在中國現代文學界有一定影響的文化人。隨著後來我在豐子愷研究和弘一大師研究方面的不斷深入，我越來越發現了夏丏尊先生的偉大之處。一九八六年四月，我赴浙江省上虞縣（現爲上虞市）參加紀念夏丏尊先生誕辰一百周年紀念活動，期間遇到了像柯靈、黃源、錢君匋、廣洽法師、葉至善等一大批與夏先生有緣的文化人，並從他們的發言和交談中進一步瞭解到夏丏尊先生的一些事跡和對中國文化的貢獻情況。應該講，是從那時起，我對夏丏尊先生產生了較大的研究興趣。

由於研究工作的需要，我一時還未顧及到對夏丏尊的整體研究，但我在弘一大師、豐子愷研究和對白馬湖作家群的研究中，還是在夏丏尊研究方面投入了一些時間、下了一些工夫。我曾有爲夏丏尊先生作傳的計劃，仍然是工作的原因，該計劃一再被延後。文史哲出版社《中國現代文學名家傳記叢書》的兩位策劃人欒梅健和張堂錡二兄都是我多年的老朋友，其中張堂錡兄於二〇〇二年夏來杭州與我談起了關於夏丏尊傳的撰寫問題，於是我欣然從命，也算是讓我多年來的一個心願可以實現了。

這本書前後寫了四個多月。因爲撰寫體例和文字的限制，這還是一部較爲簡略的傳記。由於夏丏尊先生一生對中國現代教育事業貢獻頗多，其「新村教育」、「愛的教育」的思想理念和像《文心》等語文知識普及讀物至今仍是教育界、文化界應當認眞研究的課題，所以，從嚴格意義上說，任何一部反映夏丏尊先生的史傳著述都應該在這些方面給予特別的留意。然而本書並未在這些方面投入充分的筆墨，其原因仍是照顧到全書的基本框架和在字數上的控制，因爲本書的出版目的更重要的還是讓讀者瞭解夏丏尊先生的一生，體會他平生基本的文化行持。就此而論，本書尚可以基本滿足讀者的要求。

感謝欒梅健、張堂錡兩位有遠見的學術工作者策劃了這套叢書，也感謝文史哲出版社在不佳的經濟環境下堅持文化理念，不間斷地推出一本又一本文化學術著作。沒有他們的努力，研究工作者的工作成績是會打折扣的。

陳　星　二〇〇三年一月三十日